오늘의 기도
PREGARE OGGI

APPUNTI SULLA PREGHIERA Volume 1
PREGARE OGGI: UNA SFIDA DA VINCERE
by ANGELO COMASTRI
© 2024 Dicastero per l'Evangelizzazione — Sezione per le questioni fondamentali
dell'evangelizzazione nel mondo — Libreria Editrice Vaticana
Cover design © Zanini ADV

All rights reserved.

Korean Translation Copyright © 2024 Living with Scripture Publishers, Seoul, Korea.

이 책의 한국어판 저작권은 저작권자와 직접 계약을 맺은 '성서와함께'에 있습니다.
저작권법의 보호를 받는 저작물이므로 무단 전재와 복제를 금합니다.

오늘의 기도: 극복해야 할 도전

서울대교구 인가: 2024년 6월 3일
초판 1쇄 펴낸날: 2024년 7월 30일
2쇄 펴낸날: 2024년 9월 2일

지은이: 안젤로 코마스트리
옮긴이: 김영훈
펴낸이: 나현오
펴낸곳: 성서와함께

주소: 06910 서울특별시 동작구 흑석로13길 7
전화: (02) 822-0125~7 / 팩스: (02) 822-0128
인터넷서점: http://www.withbible.com
전자우편: order@withbible.com
등록번호 14-44(1987년 11월 25일)

ⓒ 성서와함께 2024
성경 ⓒ 한국천주교중앙협의회, 2024.

ISBN 978-89-7635-435-8 93230

DICASTERO PER L'EVANGELIZZAZIONE
SEZIONE PER LE QUESTIONI FONDAMENTALI
DELL'EVANGELIZZAZIONE NEL MONDO

오늘의 기도

극복해야 할 도전

안젤로 코마스트리 지음
김영훈 옮김

성서와함께

†

차례

06　머리말
12　여는 말

19　제1장 기도의 필요성을 호소하다

33　제2장 주님, 저희에게 기도를 가르쳐 주십시오

77　제3장 아시시의 성 프란치스코

107　제4장 콜카타의 성녀 마더 데레사

120　옮긴이의 말

6 오늘의 기도: 극복해야 할 도전

†

머리말

기도는 신앙의 숨결이며 그 자체로 가장 구체적인 신앙의 표현입니다. 기도는 하느님을 믿고 자신을 맡기는 이들의 마음에서 나오는 침묵 속의 외침과도 같습니다. 이 신비를 표현할 적절한 말을 찾기란 쉬운 일이 아닙니다. 우리는 성인들과 영성가들, 그리고 신학자들의 성찰에서 기도에 관한 수많은 정의를 찾을 수 있습니다. 하지만 기도는 항상 기도를 실천하고 체험하는 이들의 단순한 증언으로만 설명할 수 있습니다. 더구나 주님은 우리에게 기도할 때 빈말을 되풀이하지 말라고 경고하시며, 말을 많이 해야 들어 주시는 줄로 생각하는 것은 착각이라고 가르쳐 주셨습니다. 주님은 오히려 침묵 속에서 우리가 청하기도 전에 이미 무엇이 필요한지를 아시는 하느님 아버지께 자신을 내어 맡기라고 가르쳐 주셨습니다(마태 6,7-8 참조).

머리말 7

2025년, 희년이 이제 가까이 다가왔습니다. 교회의 삶에 있어서 이토록 중요한 희년을 준비하는 가장 좋은 방법은 기도가 아닐까요? 2023년은 제2차 바티칸 공의회의 4개 헌장에 담긴 공의회의 가르침을 재발견하는 해로 보내고자 했습니다. 이는 공의회의 교부들이 우리에게 전하려 했던 가르침을 오늘날에도 생생하게 살아 숨 쉬게 하기 위함이었습니다. 이를 통해 교회가 활력을 되찾고 우리 시대의 모든 이에게 적절한 언어로 신앙의 아름다움을 선포하려는 것입니다.

이제는 기도에 온전히 봉헌된 2024년을 준비해야 할 때입니다. 실제로 우리 시대에는 전 세계적인 불안에서 비롯된, 매일매일의 절실한 문제와 질문에 대답할 수 있는 진정한 영성의 필요성이 점점 커지고 있습니다. 최근 팬데믹으로 인해 악화된 생태적·경제적·사회적 위기와 특히 우크라이나에서 벌어지고 있는 전쟁으로 인한 죽음과 파괴와 빈곤 그리고 무관심과 버리는 문화는 평화와 연대에 대한 열망을 짓누를 뿐만 아니라, 개인의 삶과 사회생

활 전반에서 하느님을 소외시키고 있습니다. 이러한 현상들은 많은 사람이 기쁨과 평온함을 느끼며 살지 못하도록 어두운 분위기를 자아냅니다. 그러므로 아버지께 드리는 우리의 기도가 더 큰 열망으로 솟아오르도록 해야 합니다. 그래야만 아버지께서 당신을 신뢰하며 찾는 이들이 바치는 기도의 외침을 들으실 것입니다.

올해가 기도에 봉헌된 해라고 해서 개별 교회가 매일매일 애써야 할 사목적 노력과 여러 계획에 영향을 미치는 것은 아닙니다. 오히려 기도의 해는 다양한 사목 계획을 세우고 행하며, 일관성을 유지하게 하는 원천을 상기시켜 줍니다. 기도의 해는 개인적으로든 공동체적으로든 다양한 형태와 표현을 통해 기도하는 기쁨을 다시 찾을 수 있는 시기입니다. 우리 신앙의 확신과 성모 마리아와 성인들의 전구에 대한 신뢰를 키우는 의미 있는 때이기도 합니다. 달리 말하면 거의 "기도의 학교"를 경험할 수 있는 해인 것입니다. 우리는 특히 기도하는 방식에 관해서는 그 무엇도 확실하거나 당연한 것으로 여기지 말고 "주님, 저희에게 기도하는 것을 가르쳐 주십시오"(루카 11,1)라고 간청한 제자들의 말을 자주 마음에 품어야 합니다.

기도의 해에 우리는 더욱 겸손한 자세로 성령께 이끌려 기도의 못자리를 마련하도록 초대받습니다. 성령께서는 우리 마음과 입술에 올바른 말을 담아 주시어, 우리의 기도를 아버지께서 들으시도록 이끄십니다. 성령 안에서 드리는 기도는 예수님과 우리를 일치시키며 아버지의 뜻을 더욱 잘 따르도록 합니다. 성령께서는 우리가 가야 할 길을 가리키는 내면의 스승이기 때문에 개인의 기도가 보편 교회의 기도가 될 수 있고, 보편 교회의 기도가 개인의 기도 안에 담길 수 있습니다. 성령의 이끄심에 따른 기도만큼 신앙인들을 하느님의 한 가족으로 모이게 만드는 것은 없습니다. 하느님은 각자의 필요를 아시고 그 모두를 우리의 청원과 전구의 기도가 되게 하십니다.

저는 주교, 사제, 부제, 교리교사들이 올 한 해 동안 이 절망의 시대에 울려 퍼지게 하려는 '2025년 희년' 희망의 선포를 위한 가장 적합한 길을 찾으리라 확신합니다. 그러므로 특히 관상 생활을 하는 공동체들을 비롯하여 봉헌 생활을 하는 수도자들의 기여가 매우 소중합니다. 아울러, 전 세계의 모든 성지와 피정지에서 순례자들을 배려함으로써, 그들이 평온한 마음을 지닐 수 있는 내적 정원을 발견하고 주님의 위로로 충만해져 떠날 수 있도록 돕기를 희망합니다. 우리 주 예수 그리스도의 뜻대로(루카 18,1) 낙심하지 않고 개인과 공동체의 기도가 끊임없이 바쳐질 때 하느님의 나라가 자라나고, 주님의 사랑과 용서를 간구하는 모든 이에게 복음이 선포될 것입니다.

이 기도의 해를 더욱 풍성하게 하기 위해 도움이 될 만한 소책자 몇 권이 여러 나라 언어로 마련되었습니다. 이 책들은 기도의 다양한 측면을 이해하고 실천하는 데 도움이 될 것입니다. 저는 저자들의 노고에 감사를 드리며 이제 기쁜 마음으로 독자들의 손에 이 책을 건넵니다. 이를 통해 우리 각자가 겸손하게 기쁜 마음으로 주님께 자기

머리말 11

자신을 맡기는 아름다움을 다시 발견하기를 바랍니다.
저를 위해서도 기도해 주시기를 부탁드립니다.

프란치스코 교황
Franciscus

12 오늘의 기도: 극복해야 할 도전

†

여는 말

기도에 대한 뜻깊고 시의적절한 내용을 담은 이 책을 소개하며 저는 러시아 작가 알렉산드로 솔제니친의 특별한 체험에 대한 일화를 소개하고자 합니다. 솔제니친은 1962년 그의 첫 소설 《이반 데니소비치의 하루》를 발표했습니다.

그해는 스탈린주의에서 해방된 환희의 시기였습니다. 소련 공산당 시절 시기장을 지낸 세르게이 니키티지 흐루쇼프(1935-2020)는 어느 지식인들의 모임에서 솔제니친의 작품을 "새로운 사회를 향한 인민의 투쟁을 돕고 그들의 힘을 통합하고 강화한다"라고 평가했습니다.

이 작품은 이반 데니소비치가 강제수용소에서 보낸 3,653일 중 하루를 우리에게 소개하면서, 이 하루가 불운한 수인들에게는 '대체로 행복하다고 할 수 있는 그런 날'이라는 이야기를 들려줍니다. 작가 자신의 목소리가 주인공 이반을 통해 표현된 것임을 쉽게 이해할 수 있습니다. 그는 수용소에서 겪은 모든 공포를 다음과 같이 요약합니다. 그곳에서 "사람들은 장갑처럼 내팽개쳐질 수 있다. 바람과 추위, 그리고 굶주림에 시달린 하루를 보낸 후에 받아 든 양배추 수프 한 그릇이 지난 생과 미래에 주어질 자유보다 더 중요하며, 하루의 끝자락에서 다만 살아남았다는 행복감을 느낄 수 있는 곳이 수용소다."

강제 노동에 내몰리고 짐승처럼 다뤄지며 정의가 아니라 폭군의 손에 휘둘린다는 생각은, 인간의 영을 파멸로 내몰고 윤리적 감각을 짓밟아 그를 악랄하고 잔인하며 무자비하고 이기적인 존재로 변하게 하여, 마침내 "죄수를 가장 나쁘게 다루는 간수는 죄수 자신"이 되게 만듭니다.

그러나 억압의 어두운 밤에도, 심지어 늑대들의 토굴 같은 그곳에서 작은 불빛이 희망을 밝히고 있습니다. 그

14 오늘의 기도: 극복해야 할 도전

빛은 믿음을 간직하고 지키며 선포한 죄수들의 신앙입니다. 예를 들면, 그 모든 절망적인 상황에도 불구하고, '햇살을 맞으며 기뻐하고' '입가에 미소를 띠고 있는' 젊은 알로쉬카의 신앙입니다.

알로쉬카는 그 지옥 속에서 감시를 피해 신약성경을 몸에 지닐 수 있었기에 행복해했습니다. 매일 저녁 차가운 움막에 켜진 희미한 불빛에 기대어 성경을 읽고 기도했습니다. 이반은 그의 음성에 주의를 기울이고 있었습니다. 그리고 다음과 같은 말이 들려왔습니다. "이반 데니소비치, 당신의 영혼이 하느님께 기도하기를 갈망하잖아! 당신은 왜 그렇게 하지 않아? 이반은 알로쉬카를 곁눈질로 쳐다보았습니다. 그녀의 눈이 두 개의 촛불처럼 반짝이는 것을 보았습니다. 그리고 나서 한숨을 내쉬며 말했습니다. "알로쉬카, 내가 왜 기도하지 않는지 알고 싶어? 왜냐하면 기도는 마치 도움을 구하는 편지처럼 도착하지 않거나 거절당할 수 있기 때문이야."

"이반, 우리는 기도할 때 흔들림 없는 확신이 있어야 해. 만약 그런 신앙이 있어서 이 산더러 옮겨지라고 말하면, 그대로 될 거야."

이반은 미소를 지으며 담배 하나를 말고는 어느 에스토니아 사람에게 담배에 불을 붙여 달라고 말했습니다. "알로쉬카, 거짓말이야. 너희들은 코카서스에서 다 함께 기도했지만, 단 하나의 산도 옮긴 적이 없었잖아!"

그들 역시 수용소에 갇힌 가엾은 그리스도인들이었습니다. 그런 그들이 하느님께 기도하면서 어떻게 악한 일을 할 수 있었겠습니까? 그럼에도 불구하고 그들은 각각 25년 형을 선고받아 그곳에 수감되었습니다. 그때는 정치적으로 그런 시기였기 때문에 누구나 25년을 형기로 살아야 했습니다.

알로쉬카가 그를 이해시키려고 말했습니다. "데니소비치! 하지만 우리는 이를 위해 기도하지 않았어. 주님께서 이 세상의 모든 사라질 것 가운데 오직 매일의 양식을 위해 기도하라고 가르쳐 주셨어. 사실 우리는 "오늘 저희에게 일용할 양식을 주소서" 하고 기도해.

이반이 물었습니다. "배급 말이지?"

알로쉬카는 포기하지 않고 그의 손을 쓸어 주면서 다정한 눈길로 달래듯이 말했습니다. "이반 데니소비치! 우편물을 받기 위해서나, 수프 한 그릇을 더 얻기 위해 기도해서는 안 돼. 사람들이 가장 중요하게 여기는 것들은 하느님이 보시기에는 부끄러운 것이야. 주님께서 마음의 악한 거품을 거두어 주시길 성령님께 청해야만 해."

이반은 다시 누웠습니다. 그는 생각에 몰두하여 알로쉬카가 중얼거리는 소리를 듣지 못한 채 말했습니다. "어쨌든 넌 네가 원하는 대로 기도해. 하지만 내 형량은 줄지 않을 거야. 넌 처음부터 끝까지 형기를 채워야만 해."

알로쉬카가 소스라치게 놀라며 말했습니다. "그런 걸 위해 기도하는 게 아니야. 형량이 줄어 얻는 출소는 조금도 중요하지 않아. 출소를 하면 네 신앙의 마지막 잔해마저 나쁜 초목에 묻히게 될 거야. 여기서 만족할 줄 알아야 해. 여기서는 영혼에 대해 생각할 시간이 많잖아."

이반은 말없이 천장을 바라보았습니다. 그 자신도 자유를 얻어 세상으로 나갈 수 있을지 전혀 알 길이 없었습니다. 밖에 나간다면 그 삶이 더 나을지 아니면 지금보다 못할지 도무지 알 수 없었습니다. 알로쉬카가 감옥에서 만족하며 살라는 말은 거짓이 아니었습니다. 그녀의 눈과 목소리에 진실이 담겨 있었기 때문입니다.

이반이 그녀에게 말했습니다. "알로쉬카, 너의 설명은 간단해. 예수 그리스도는 감옥에 머물라고 말씀하셨고, 네가 이곳에 있는 이유는 주님을 위해서야. 하지만 나는 도대체 왜 이곳에 갇혀 있는 거지?"

간수들의 야간 점호와 인원 점검 때문에 그들의 대화는 이 질문에 대한 답을 찾지 못한 채 중단되었습니다. 그러나 대답은 이미 주어졌습니다. "주님께서 마음의 악한 거품을 거두어 주시길 성령께 청해야만 합니다."

악은 인간의 병고입니다. 의심할 여지 없이 악을 피하는 것은 인간의 몫입니다. 그러나 하느님의 도우심이 없이는 불가능합니다. 이 점이 바로 우리가 기도해야 하는 가장 큰 이유입니다. 우리가 어디에 있든지 우리는 이반의 기도를 우리의 기도로 삼아야 합니다. "주님, 저희 마음에서 악한 거품을 거두어 주십시오."

광활한 러시아의 외딴 수용소에서 전해진 이 수인의 증언은 얼마나 진실하고, 아름다우며 위로가 되는지요? 특히 기도의 해를 보내는 우리가 마음에 새겨야 할 가르침입니다.

안젤로 코마스트리

제1장

기도의 필요성을
호소하다

✱ 우리는 기도로 세상을 들어 올릴 수 있습니다

리지외의 성녀 데레사(1873-1897)는 봉쇄 수녀원에서 생활했지만 놀랍고도 탁월한 선교사였습니다. 그녀는 오늘날 많은 사람이 더 이상 이해하지 못하는 기도의 풍요로움에 관한 비결을 다음과 같이 명료하게 들려줍니다.

> 아르키메데스는 "나에게 지렛대와 받침점을 주면 세상을 들어 올리겠다"라고 말했습니다. 그는 뜻을 이루지 못했습니다. 그것은 그의 청원이 단지 물질적인 관점에서 표현되었을 뿐 하느님께로 향하지 않았기 때문입니다. 그러나 성인들은 영적으로 세상을 고양할 수 있습니다. 전능하신 하느님께서 당신 자신을 발판(받침점)으로 내어 주셨고, 사랑의 불을 지피는 기도를 지렛내로 주셨기 때문에 그들은 세상을 품어 고양하였습니다. 미래의 성인들도 세상 끝 날까지 세상을 품에 안고 일으켜 세울 것입니다.

데레사 성녀의 이 말씀은 무릎을 꿇고 묵상할 가치가 있습니다. 무엇보다도 진실한 기도를 시작할 때, 진지하게 받아들여야 할 말씀입니다. 지금, 바로 오늘 말이지요! 그녀는 우리에게 헤아릴 수 없을 만큼 깊은 영적 통찰을 전해줍니다. "진정한 '사도'는 성인입니다. 그리고 그들은 무엇보다도 기도하기 때문에 사도입니다." 그녀는 단 몇 마디 말로 해묵은 논쟁을 종식하고 복음화 사명과 그리스도인의 사도적 삶의 풍요로움을 조명합니다. 우리에게는 성인들이 필요합니다. 성인들을 얻기 위해서는 사랑의 불꽃을 일으키는 진정한 기도를 하는 사람들이 필요합니다. 오직 그렇게 해야만 세상을 들어 올리고 하느님의 마음에 가까이 다가갈 수 있습니다. 기도에 관해 이보다 더 명확하면서도 단순하고 심오하면서도 복음적으로 설명할 수 있을까요?

선교의 수호성인인 리지외의 성녀 데레사는 열네 살 때부터 기도의 효과를 이해했습니다. 1887년 3월 17일 밤, 프랑스에서 앙리 프란치니라는 사람이 3명을 살해한 사건이 일어났습니다. 그는 체포되었고 재판을 받아 당시 프랑스 법에 따라 7월 23일에 사형 선고를 받았습니다. 당시 열네 살이었던 데레사 성녀는 훌륭한 그리스도인이었습니다. 그녀는 이미 하느님의 빛에 열려 있었고, 하느님의 자비가 사람들의 마음을 열게 하기를 갈망했습니다. 데레사 성녀는 앙리 프란치니의 사형 소식을 듣자마자 매우 걱정했습니다. 사제와의 모든 만남을 분명하게 거부한 그가 참회하지 않고 죽는다고 생각했기 때문입니다. 미래의 성인은 이 사실에 마음이 혼란스러워 동생 셀리나와 함께 열심히 기도하기 시작했습니다. 그리고 무슨 일이 일어났는지, 데레사 성녀의 이야기를 들어보겠습니다.

> 나는 주님께서 불쌍한 프란치니를 용서해 주실 것이라고 확신했기에, 그가 뉘우치고 있다는 표시를 보여 달라고 간절히 기도했다. 내 기도는 정말 그대로 이루어졌다. 아버지가 우리에게 신문을 읽는 것을 금지하셨지만, 프란치니에 관한 뉴스를 읽는 것이 그 말씀을 어기는 행동이라고 생

각하지 않았다. 사형 집행 다음 날 나는 라 크로와 신문을 손에 들고 조바심이 가득한 마음으로 펼쳐 보았다. 그리고 무엇을 보았을까? … 아, 감격의 눈물이 흘러내리며 나는 몸을 제대로 가눌 수가 없었다. 프란치니는 죄를 뉘우치지 않았고, 단두대에 올라 머리를 칼날 아래로 놓으려고 했다. 그때 그는 마치 하느님의 이끄심에 사로잡힌 것처럼 갑자기 돌아서서 사제가 내민 십자가를 꼭 쥐고 예수님의 거룩한 상처에 세 번 입을 맞추었다. … 그리고 그의 영혼은 "하늘에서는 회개할 필요가 없는 의인 아흔아홉보다 회개하는 죄인 한 사람 때문에 더 기뻐할 것이다"(루카 15,7)라고 선언하신 주님의 자비로운 판결을 받으러 갔다.

만일 우리가 기도의 효과를 믿는다면 우리는 주님 앞에 무릎을 꿇고 많은 시간을 보낼 것입니다. 그리고 세상은 방향을 바꿀 것입니다.

사람은 기도하지 않고서는 자신을 실현할 수 없습니다

다비드 마리아 투롤도(1916-1992) 신부는 우리가 참된 자신을 발견하고 실현하기 위해서는 기도와 침묵이 반드시 필요하다고 말합니다.

> 진정한 자아를 실현하려면 침묵과 기도 없이는 불가능하다고 믿습니다. 우리 시대와 문화에서 가장 부족한 것은 기도의 정신입니다. 이는 진정한 혁명이 될 것입니다. 세상이 기도하지 않습니까? 그럼 나는 기도합니다. 세상이 침묵하지 않습니까? 그렇다면 나는 침묵하며 조용히 귀 기울여 듣습니다. 혁명이란 오래된 것을 허물거나 파괴하는 것이 아니라, 기존의 형태와 체계에 새로운 정신을 불어넣는 것입니다. 우리에게 진정 필요한 것은 신비이신 하느님과의 관계이며 그분의 무한하심에 대한 열린 마음입니다. 바로 이것이 결여되었기에 인간은 외롭고, 만족스럽지 않다

고 느끼며, 불안해합니다. 이것이 바로 소음이 가득한 문명의 특징입니다. 더 이상 침묵하지 않고, 더 이상 기도하지 않습니다. 참된 가치를 잃어버린 것입니다. 이 시대는 경청하지 않는 시대입니다. 오늘날 사람들은 참으로 듣지 않습니다. 그 대신에 소리를 지르고 고함을 칩니다. 바로 소음이 가득 찬 문명의 현실이지요. 기도하지 않고, 침묵하지 않으며, 듣지 않습니다. 그 누구도 다른 이의 말을 들어줄 여유가 없습니다. 이 시대에 기쁨이 사라진 이유가 바로 여기에 있습니다. 기쁨은 손쉽게 찾아오지 않기 때문에 우리는 침묵하고, 경청하며, 기도 안으로 들어가야 합니다.

그렇습니다. 기도로 돌아가야 합니다. 오직 기도만이 우리의 삶과 세계의 역사 안에 계시는 하느님을 발견할 수 있게 해 줍니다. 주님과 함께라면 모든 것이 가능합니다.

✱ 하느님 없이는 우리는 너무나 무력합니다

1968년에 처음으로 콜카타의 성녀 마더 데레사를 만났습니다. 당시 새 사제였던 저는 데레사 수녀님에게 기도로 동반해 달라고 부탁하고자 했습니다. 데레사 수녀님은 저를 보자마자 "하루에 몇 시간 기도하나요?" 하고 물으셨습니다. 저는 수녀님이 "얼마나 많은 자선을 베푸나요?"라고 물을 것으로 예상했기 때문에 적잖이 당황했습니다. 그러면서 저는 대답했습니다. "수녀님, 저는 매일 미사를 드리고, 묵주기도를 하며, 성무일도를 바치는 것을 빠뜨린 적이 없습니다." 그러자 데레사 수녀님은 제 손을 붙잡아 주며 다정하게 말씀하셨습니다. "그것만으로 충분하지 않아요. 예수님을 사랑해 드리세요. 사랑은 의무가 아니에요. 물론 매일 미사를 봉헌하고 묵주기도와 성무일도를 바치는 일은 잘하는 일이지요. 하지만 성체 앞에서 조배 드리는 시간을 좀 더 가져 보세요. 예수님과 얼굴을 맞대듯이 바라보는 친밀한 우정의 시간을 말이에요."

수녀님의 조언이 제 마음에 와닿았지만, 저는 제가 가졌던 질문을 하지 않을 수 없었습니다. "실은 수녀님이 제게 '얼마나 많은 자선을 베푸나요?'라고 물으시리라 기대했어요." 그러자 수녀님은 진지한 표정을 지으면서 마음 깊은 곳에서 우러나오는 말씀을 천천히 들려주셨습니다.

매일 기도를 통해 예수님이 당신의 사랑을 제게 주시지 않는다면, 제가 어떻게 가난한 이들에게 제 사랑을 전할 수 있을까요? 기억하세요. 하느님 없이는 우리는 너무나도 무력해서 가난한 이들을 제대로 도울 수 없습니다.

이 말씀은 오늘날 교회와 많은 이들이 겪는 혼란을 치유할 수 있는 영약과 같기에 본당과 광장에서 크게 외쳐야 합니다. 마더 데레사는 자신의 삶을 본보기로 우리에게 참된 진리를 일깨워 주십니다. "하느님 없이는 우리는 너무나 무력합니다"라는 마더 데레사의 가르침을 마음에 새기고 활기차고 끈기 있게 기도해야 합니다.

28 오늘의 기도: 극복해야 할 도전

✹ 기도는 예수님을 끌어당기는 자석과 같다

도메니코 줄리오티는 시인이자 작가로 1877년 2월 18일 피렌체 근처의 산 카시아노 발 디 페사에서 태어났습니다. 그는 가톨릭 신앙이 깃든 가정에서 평화로운 어린 시절을 보냈습니다. 그는 자신의 어린 시절에 대해 이렇게 회상합니다.

> 저는 고즈넉한 분위기를 풍기는 시골 언덕에 자리 잡은 오래된 저택에서 매우 신앙심 깊은 어린 시절을 보냈습니다. 당시만 해도 그곳은 아직 순박했습니다. 저는 정말이지 순수한 것들과 다정한 사람들에게 둘러싸여 살았습니다. 농부들은 하루의 힘든 일을 마치고, 큰 불꽃이 타오르는 난로가 있는 부엌에 모여, 낡은 마룻바닥에 무릎을 꿇고 묵주기도를 바치곤 했습니다. 한편에는 큰 냄비에 맛있는 양념을 넣어 끓인 검은 빵 수프를 준비하고 있었습니다. 아버지는 관리자였지만 부하 직원들에게 친구이자 아버지 같

은 존재였습니다. 어머니는 서민 가정 출신으로 매우 순수하고 굳건한 여성이었으며, 매일 집안일과 기도를 하며 생활했습니다. 아침에는 편안한 휴식을 허락해 주신 주님께 감사하는 짧은 기도와 하루의 일을 위해 도움을 청하는 기도를 드렸고, 점심시간에는 식사 전에 삼종기도를 바쳤으며, 잠자리에 들기 전에는 성모송과 사도신경을 바쳤습니다. 우리가 함께 바친 이 기도들은 자애로운 빛처럼 우리 영혼에 내려앉았습니다(*La Civiltà Cattolica*, 1975 III, pp. 495ss).

청소년기에 도메니코 줄리오티는 예수 그리스도와 철저하게 거리를 두었고, 교회와 그리스도교적 분위기를 자아내는 모든 것을 적대시했습니다. 그러나 그의 마음은 불안했고 점차 신앙에 귀의하게 되었습니다. 신앙의 본향으로 돌아오는 길을 내딛으며 줄리오티는 자신이 그동안 얼마나 정신 나간 행동을 했는지를 깨닫고 자책감에 빠져 스스로를 엄격하게 대했습니다. 그는 마치 술을 끊은 알코올중독자가 다시는 술을 맛보거나 냄새조차 맡고 싶어

하지 않는 것처럼 새로운 삶을 살기로 결심했습니다. 줄리오티는 회심 후에 가톨릭 신앙을 더 사랑하게 되었고, 가톨릭 사제직의 의미를 일깨우는 감동적인 글을 저술하였습니다. 기억에 남는 부분을 소개합니다.

사제들은 비록 합당하지 않을지라도, 그리스도의 도움을 받아 세상의 불안정성과 취약성을 버티게 하는 중추적 역할을 합니다. 만일 사제들이 사라졌다고 생각하면 교회는 더 이상 존재하지 않습니다. 교회가 없다면 전례도 더 이상 존재하지 않습니다. 전례가 없다면 성사도 더 이상 존재하지 않습니다. 성사가 없다면 은총의 중재도 더 이상 존재하지 않습니다. 그 결과 은총의 부재와 영적 황폐와 상실을 가져옵니다. 사제는 인간이지만 천사들보다 더 큰 존재입니다. 사제는 죄인이지만 동시에 죄를 용서합니다. 사제는 종이지만 성사 집행을 통해 주님은 그의 기도에 응답합니다. 천사들과 천사들의 여왕조차도 사제처럼 죄를 용서하는 그리스도의 권한을 받지 못했습니다. 사제만이 매일의 성찬례를 통해, 빵과 포도주의 형상으로 당신의 몸과 피를 하느님 아버지께 봉헌하는 그리스도의 희생 제사를 기념하고 재현하는 성사를 거행할 수 있습니다(*Polvere dell'esilio*, Vallecchi, Firenze 1929, p. 129).

1956년 1월 12일 오전 9시 15분, 줄리오티는 신앙과 희망을 간직한 채 세상을 떠났습니다. 그는 죽기 직전에 다음과 같이 글을 썼습니다.

오! 주님, 어서 빨리 오셔서 당신의 그 크신 사랑으로 세상의 모든 악을 없애 주소서. 제 지친 육신의 눈이 당신을 볼 수 없다고 해도 제게는 중요하지 않습니다. 주님께서 오시리라는 것을 알고 있기에 저는 고통과 폭력이 가득한 이 세상에서 기쁘게 떠날 수 있습니다. 이제 제가 당신을 알고 사랑할 수 있는 힘만큼 당신께서는 당신의 놀라운 신비를 저에게 드러내 주셨습니다(*Il malpensante: pagine di fede e di lotta e d'amore*, Vallecchi, Firenze 1957, p. 166).

32 오늘의 기도: 극복해야 할 도전

줄리오티가 하느님의 품에 안긴 이 기적은 어떻게 일어났습니까? 어느 날 그는 이렇게 대답했습니다.

> 모든 일은 제 어머니의 간절하고, 진심 어린 기도 덕분에 일어났습니다.

참으로 그렇습니다. 누군가 회심할 때 어딘가에는 항상 기도하는 사람이 있습니다.

제2장

주님, 저희에게 기도를 가르쳐 주십시오

✱ 기도하지 않으면 살 수 없습니다

성경은 참된 기도의 필요성을 분명하게 들려줍니다. 먼저 구약성경에는 기도의 엄청난 힘을 잘 보여 주는 두 가지 에피소드가 나옵니다. 첫 번째는 마므레의 참나무 주변에서 일어납니다. 아브라함은 신비로운 세 사람을 대접하였는데 1년 안에 사라가 아들을 낳을 것이라는 놀라운 소식을 듣습니다. 성경 말씀은 신비로운 분위기에 둘러싸여 있지만, 동시에 하느님과의 인격적인 만남이 그러하듯이 긍정적이고 희망적인 빛으로 가득 차 있습니다. 담대하고 끈질기게 기도하는 모습이 담긴 말씀을 들어봅시다. "그 사람들은 그곳을 떠나 소돔이 내려다보이는 곳에 이르렀다. 아브라함은 그들을 배웅하려고 함께 걸어갔다. 그때에 주님께서 말씀하셨다. '내가 앞으로 하려는 일을 어찌 아브라함에게 숨기랴? 아브라함은 반드시 크고 강한 민족이 되고, 세상 모든 민족들이 그를 통하여 복을 받을 것이다'"(창세 18,16-18).

하느님은 아브라함에게 소돔과 고모라의 죄가 그곳의 운명을 짓누를 만큼 무겁기 때문에 멸망시킬 수밖에 없다고 말씀하십니다. 아브라함은 두 도시에 대한 연민과 강한 연대감을 느끼며, 신비로운 세 사람의 마음을 움직여 상황을 바꾸어 보려고 합니다. "아브라함이 다가서서 말씀드렸다. '진정 의인을 죄인과 함께 쓸어버리시렵니까? 혹시 그 성읍 안에 의인이 쉰 명 있다면, 그래도 쓸어버리시렵니까? 그 안에 있는 의인 쉰 명 때문에라도 그곳을 용서하지 않으시렵니까? 의인을 죄인과 함께 죽이시어 의인이나 죄인이나 똑같이 되게 하시는 것, 그런 일은 당신께 어울리지 않습니다. 그런 일은 당신께 어울리지 않습니다. 온 세상의 심판자께서는 공정을 실천하셔야 하지 않겠습니까?'"(창세 18,23-25).

진정한 기도는 하느님의 마음속으로 들어갈 수 있게 합니다. 이 때문에 우리는 담대하게 끊임없이 기도해야 합니다. 아브라함도 낙심하지 않고 끈기 있게 기도합니다. 아브라함은 도시 안의 죄 없는 사람을 보아서라도 용서해 달라며 50명, 40명, 30명, 20명까지 그 숫자를 줄여 가며 하느님께 매달립니다. 그러자 주님은 이렇게 말씀하십니다. "그 스무 명을 보아서 내가 파멸시키지 않겠다"(창세 18,31). 아브라함은 잠시 망설였지만, 결국 신앙에서 샘솟는 용기로 이렇게 말합니다. "'주님께서는 노여워하지 마십시오. 혹시 그곳에서 열 명을 찾을 수 있다면…?' 그러자 그분께서 대답하셨다. '그 열 명을 보아서라도 내가 파멸시키지 않겠다'"(18,32).

안타깝게도 10명의 의인도 없었던 소돔과 고모라는 심판을 피할 수 없었습니다. 그러나 이 이야기에 담긴 기도의 본질과 중요성은 그대로 남아 있습니다. 기도는 무엇보다도 '대화'입니다. 기도는 '사랑의 시작'입니다. 기도는 '담대함'입니다. 기도는 우리를 하느님의 마음 안으로 초대하며, 우리의 이해를 넘어서는 주님과의 관계의 신비 속으로 이끌어 주는 문입니다. 우리는 참으로 기도해야 합니다. 교황 요한 바오로 1세는 짧은 재위 기간에 몇 안 되는 문헌을 반포했는데, 그 가운데 기도에 관해 짧지만 특별한 의미를 지닌 말씀이 있습니다. "우리는 너무 적게 기도하기 때문에 많은 영적 전투에서 패배합니다." 교황님의 말씀을 성경의 이야기들과 관련지어 생각해 볼 수 있을 것입니다.

기도의 힘에 관한 성경의 두 번째 에피소드는 탈출기에 나타납니다. 이스라엘 백성은 약속의 땅을 향해 가고 있습니다. 그러나 그 여정에는 숨은 위험과 적의 계략과 함정들이 도사리고 있었습니다. 강력하고 교활한 적들 앞에서 모세는 다음과 같은 결정을 내립니다. "그때 아말렉족이 몰려와 르피딤에서 이스라엘과 싸움을 벌였다. 그러자 모세가 여호수아에게 말하였다. '너는 우리를 위하여 장정들을 뽑아 아말렉과 싸우러 나가거라. 내일 내가 하느님의 지팡이를 손에 잡고 언덕 꼭대기에 서 있겠다.' 여호수아는 모세가 말한 대로 아말렉과 싸우고, 모세와 아론과 후르는 언덕으로 올라갔다. 모세가 손을 들면 이스라엘이 우세하고, 손을 내리면 아말렉이 우세하였다. 모세의 손이 무거워지자, 그들은 돌을 가져다 그의 발 아래 놓고 그를 그 위에 앉혔다. 그런 다음 아론과 후르가 한 사람은 이쪽에서, 다른 사람은 저쪽에서 모세의 두 손을 받쳐 주니, 그의 손이 해가 질 때까지 처지지 않았다"(탈출 17,8-12).

우리는 지상의 나그네로서 하느님 나라를 향한 여정에서 직면하는 어려움 앞에서 순전히 인간적인 방법이나 세속적인 해결책을 찾고는 합니다. 그 대신에 모세처럼 하느님을 향해 손을 들어 기도하는 것은 어떨까요? 신학적 지식이나 교리를 가르치는 교수자(선생)도 좋지만, 자신의 삶과 행동을 통해 하느님의 사랑을 증서하면 어떨까요? 우리는 누구나 기도의 중요성을 머리로는 알고 있습니다. 기도의 중요성은 자주 언급되기도 하고 교회 공동체의 어디에서나 반복적으로 듣게 됩니다. 하지만 우리는 기도가 우리 삶의 중심에 있다고 정말로 확신할 수 있을까요? 기도에 관해 이야기하는 것과 실제로 기도하는 것은 전혀 다릅니다. 우리는 삶을 뒤흔드는 도전에 직면할 때마다

세련된 기술과 이론적 전문성에 전적으로 의지하고 싶은 유혹을 받습니다. 그렇지 않고 다른 방법은 없을까요? 만약 우리가 아론과 후르처럼, 모든 사람을 위해 기도해야 할 사람들의 손을 항상 받쳐 줄 사람들을 찾는다면, 우리가 사도직을 수행하는 데 더 큰 힘이 되고, 더 많은 신뢰를 얻게 되어, 결국 더 큰 열매를 맺지 않을까요?

✱ '예수님께서 기도하셨다'는 사실만으로 기도를 해야 할 이유가 충분합니다

예수님의 행동은 제자들에게 본받고 따라야 할 삶의 모범입니다. 그렇기에 예수님은 스승입니다. 누구도 기도가 그분 삶의 중심이었다는 사실을 부인할 수는 없습니다. 기도는 주님의 숨결이었고, 선택과 결정의 기준이었고, 행동과 말의 원천이었습니다.

블레즈 파스칼(1623-1662)은 예수님께서 보여 주신 가난한 삶을 살펴보면서 그리스도인의 행동 양식을 이끌어

냈습니다. "나는 그리스도께서 가난을 사랑하셨기 때문에 가난을 사랑합니다." 기도에 관해서도 같은 말을 할 수 있습니다. 나는 의심할 여지없이 기도를 사랑합니다. 그리스도께서 기도를 사랑하셨기 때문입니다. "다음 날 새벽 아직 캄캄할 때, 예수님께서는 일어나 외딴곳으로 나가시어 그곳에서 기도하셨다"(마르 1,35). 기도하는 예수님의 모습은 제자들의 기억 속에 깊이 새겨질 정도로 일상적인 행동이었습니다. 제자들은 스승이자 주님이신 예수님을 기억할 때마다 그분의 기도를 떠올렸습니다.

루카 복음사가는 예수님께서 보여 주신 모습을 마치 그림을 그리듯이 묘사합니다. 그중에서도 매우 섬세한 묘사가 도드라진 대목은 예수님께서 사도들을 선택하기 전에 밤새 기도하신 장면입니다. 기도하는 예수님의 모습은 우리가 따라야 할 삶의 모범이기 때문에 루카는 이 장면에 주목했습니다. "그 무렵에 예수님께서는 기도하시려고 산으로 나가시어, 밤을 새우며 하느님께 기도하셨다. 그리고 날이 새자 제자들을 부르시어 그들 가운데에서 열둘을 뽑으셨다. 그들을 사도라고도 부르셨다"(루카 6,12-13).

　샤를 드 푸코(1858-1916)는 예수님의 이러한 행동에 깊이 영향을 받아 밤에 드리는 기도에 매료되었습니다. 그에게 밤은 기도의 일상적인 안식처였으며, 그는 밤새 주님과 대화하고 그분께 찬미를 드리며 중재기도를 바쳤습니다. 주님의 제자직으로 부름 받은 우리도 그분처럼 기도해야 하지 않을까요? 제자는 항상 스승에게 시선을 두며, 그분의 심장 박동을 듣고, 그분의 마음을 본받아, 그분의 삶의 태도를 자신의 것으로 삼아야 합니다.

　지금 나의 시선은 얼마나 주님을 향해 있습니까? 주님의 삶이 나의 삶에 어떻게 영감을 줍니까? 우리가 진정으로 예수님의 제자가 되길 원한다면, 이 질문들을 결코 피할 수는 없습니다.

우리가 하는 결정의 많은 부분이 기도에서 나오지 않는다는 점을 인정하거나 받아들일 수 있습니까? 우리의 선택은 오히려 지성에서 비롯됩니다. 그런데 그것으로 여러분은 만족합니까? 때로는 정보 검색에 의해 선택하기도 합니다. 그것으로 여러분은 만족합니까? 혹은 사회학과 같은 학술 연구에서 비롯될 수도 있습니다. 그것으로 여러분은 만족합니까? 아니면 세속적인 권모술수에서 비롯될 수도 있습니다. 그러면 여러분은 정말 만족합니까?

우리는 결정할 때 (지식이나 여러 가지 수단도 사용하지만) 스승이신 예수 그리스도를 따릅니다. 마태오 복음사가는 예수님의 선택에 관해 다음과 같이 말합니다. "(세례자 요한의 죽음 소식을 들으신) 예수님께서는 거기에서 배를 타시고 따로 외딴곳으로 물러가셨다"(마태 14,13). 오천 명을 먹이신 후에 예수님의 결정에 관해서는 이렇게 말합니다. "예수님께서는 곧 제자들을 재촉하시어 배를 타고 건너편으로 먼저 가게 하시고, 그동안에 당신께서는 군중을 돌려보내셨다. 군중을 돌려보내신 뒤, 예수님께서는 따로 기도하시려고 산에 오르셨다. 그리고 저녁때가 되었는데도 혼자 거기에 계셨다"(14,22-23). 예수님의 일상적인 행동들은 제자들의 기억에 아로새겨져서 그들의 선택과 행동의 흔들림 없는 기준이 되었습니다.

다른 제자들의 믿음을 굳건히 하기 위해 선택된 베드로 사도는 교회의 반석을 상징합니다. 만일 스승이신 주님에게서 본 행동을 따르겠다는 확신이 그에게 없었다면, 어떻게 "우리는 기도와 말씀 봉사에만 전념하겠습니다"(사도 6,4)라고 말할 수 있었겠습니까? 베드로 사도의 이 선택은 오늘날 우리에게 무엇을 말해 줍니까?

저는 우리가 사도행전 6장의 시작 부분을 깊이 숙고해야 한다고 확신합니다. 사실 우리가 겪는 상황은 당시 상황과 매우 유사합니다. 하지만 오히려 우리는 사도들이 선택한 방향과는 정반대로 움직이고 있습니다. 복음서들은 심지어 예수님의 기도가 제자들을 당혹스럽게 했다고 말합니다. 기도하시는 예수님을 본 제자들은 자신들이 제대로 기도하는 법을 모른다는 것을 깨달았습니다. 제자들은 주님께 청했습니다. "주님, 요한이 자기 제자들에게 가르쳐 준 것처럼, 저희에게도 기도하는 것을 가르쳐 주십시오"(루카 11,1).

저희에게도 기도하는 법을 가르쳐 주십시오. 예수님의 기도는 명백하고 이해하기 쉬우면서도 동시에 신비로워 보였습니다. 예수님께서 기도하시는 모습은 참으로 아름다웠지만 겉으로 보아서는 쉽게 알 수 없는 깊은 의미와 신비가 숨겨져 있었습니다. 제자들은 자발적으로 기도하는 법을 가르쳐 달라고 예수님께 청했습니다. "예수님, 당신의 눈과 얼굴에 비치는 이 아름다운 신비 속으로 저희를 이끌어 주십시오. 예수님, 저희에게 기도하는 법을 가르쳐 주십시오."

우리도 제자들처럼 예수님께 기도하는 법을 가르쳐 달라고 새롭게 청해야 합니다. 사실 우리의 기도 여정은 아직 끝나지 않았다는 점을 명심해야 합니다. 왜냐하면 지상에서의 순례가 아직 끝나지 않았고, 회심의 길 또한 끝나지 않았기 때문입니다. 회심의 길, 신앙의 길, 그리고 기도의 길은 동시에 진행되며, 서로 연결되어 있습니다.

예수 그리스도의 심장 박동을 듣고, 주님의 감추어진 사랑의 심오함을 통찰하는 은총을 받은 요한 복음사가는 주님과 깊은 영적 유대로 결합되어 있었습니다. 그러기에 그리스도가 당신 생애의 마지막 순간에, 아버지 하느님께 충실히 기도하며 드러냈던 마음을 온전히 포착하여 기록했습니다. 그분은 영원히 기억될 긴 기도를 바쳤습니다. 아버지께 드리는 기도, 사랑의 제물로서의 기도, 거룩한 우정에 대한 기도, 제자들의 일치를 위한 기도, 그리고 모든 시대의 사도들과 제자들을 위한 기도입니다.

최후의 만찬을 마친 후 올리브산으로 장면이 바뀝니다. "예수님께서 밖으로 나가시어 늘 하시던 대로 올리브산으로 가시니, 제자들도 그분을 따라갔다. 그곳에 이르러 예수님께서는 제자들에게, '유혹에 빠지지 않도록 기도하여라' 하고 말씀하셨다"(루카 22,39-40). 그러면 예수님께서는 당신 생애에서 가장 고통스러운 순간에도 기도하셨을까요? 심지어 피땀을 흘릴 때조차도 기도가 당신 존재를 지탱하는 유일한 토대였을까요? 예, 그렇습니다. 분명한 사실입니다! 변경될 수 없으며 수정될 수도 없는 복음 말씀은 예수님께서 수난 한가운데서도 기도하셨다고 들려줍니다. 그분은 십자가에서 숨을 거두실 때에도 기도하시며 아버지의 품에 당신을 의탁하셨습니다. "그리고 예수님께서 큰 소리로 외치셨다. '아버지, '제 영을 아버지 손에 맡깁니다.' 이 말씀을 하시고 숨을 거두셨다"(23,46). 이것이 예수님의 삶이었고 이것이 그분의 사도직이었다면, 우리가 주님과 다른 삶을 살거나 우리의 사도직을 주님의 사도직과 다르게 생각할 수 있을까요? "주님, 우리에게 기도를 가르쳐 주십시오." 우리의 청원에 응답하시는 하느님의 말씀을 귀 기울여 들어 봅시다.

> **＊ 기도를 위한 우리의 첫걸음:**
> **"주님, 제 끝을 알려 주소서.**
> **제가 살 날이 얼마인지 알려 주소서.**
> **그러면 저 자신이 얼마나 덧없는지**
> **알게 되리이다"** (시편 39,5)

성경은 인간의 미소함을 가르칩니다. 모든 사람의 경험은 본질적으로 한계가 있습니다. 이러한 인식은 근본적인 진리입니다. 인간이 만약 자신의 진정한 존재 의미를 비현실적인 욕망과 맞바꾼다면 그는 중대한 과오를 범하게 될 것입니다. 이러한 과실은 스스로 무엇이든지 할 수 있다는 착각에서 기인한 것으로, 결국 실망과 좌절로 귀결됩니다. 우리 주변을 둘러보세요. 이러한 일은 지금도 계속해서 일어나고 있습니다.

성경은 우리에게 진솔한 가르침을 들려줍니다. 사람은 미소합니다. 그러므로 참된 기도의 여정을 내디딜 수 있는 첫 번째 발걸음은 바로 우리의 작음과 우리가 피조물이라는 점을 인식하는 것입니다. 곧, 겸손한 자세와 피조물로서 창조주이신 주님과의 관계 맺음입니다. 성경의 몇 가지 중요한 말씀을 살펴보면 이를 통해 사람의 진정한 모습이 명확하게 드러납니다.

이사야 예언자는 굳건하고 분명한 언어로 다음과 같이 말합니다. "한 소리가 말한다. '외쳐라.' '무엇을 외쳐야 합니까?' 하고 내가 물었다. '모든 인간은 풀이요 그 영화는 들의 꽃과 같다'"(이사 40,6). 정말 그렇습니다. 인간은 태생적으로 불완전하며, 이는 그 자신이 피조물로서 하느님에게서 창조된 존재라는 본질적인 상태를 말해 줍니다. 즉, 인간이 피조물이라는 점은 하느님을 향해 찬미와 공경을 드려야 하는 존재라는 뜻입니다. 그러나 인간은 흠숭의 대상을 잘못 선택할 위험이 있습니다.

시편 8편은 인간이 자신을 비롯한 모든 피조물을 통해 놀라우신 하느님을 어떻게 이해해야 하는지를 명확하게 알려 줍니다. "우러러 당신의 하늘을 바라봅니다, 당신 손가락의 작품들을 당신께서 굳건히 세우신 달과 별들을.

인간이 무엇이기에 이토록 기억해 주십니까? 사람이 무엇이기에 이토록 돌보아 주십니까?"(시편 8,4-5).

한편, 시편 37편은 덧없이 사라질 악인들의 결말을 강조합니다. "너는 악을 저지르는 자들 때문에 격분하지 말고 불의를 일삼는 자들 때문에 흥분하지 마라. 그들은 풀처럼 삽시간에 스러지고 푸성귀처럼 시들어 버린다"(시편 37,1-2). 왜 그럴까요? 악을 저지르는 자들은 주님께 기대지 않기 때문입니다. 불의를 일삼는 자들은 주님이 아닌 다른 주인을 섬기기 때문입니다. 그들의 존재는 헛된 것에 허우적거리다가 결국 죄에 빠져들게 됩니다.

"주님을 신뢰하며 선을 행하고 이 땅에 살며 신의를 지켜라. 주님 안에서 즐거워하여라. 그분께서 네 마음이 청하는 바를 주시리라"(37,3-4). 시편 저자는 확신을 가지고 말합니다. 오직 하느님만이 마음의 허기와 목마름을 채워 주실 수 있습니다. 사실, 사람은 하느님을 갈망하는 존재이기 때문입니다. 이 때문에 시편 저자는 단언합니다. "의인이 가진 적은 것이 악인들의 많은 재산보다 낫다. 악인들의 팔은 부러지지만 의인들은 주님께서 받쳐 주신다"(37,16-17).

그러나 종종 정의로운 이들은 패배자처럼 보이고, 악인들은 승리자처럼 보이기도 합니다. 그렇지 않습니다. 착각하지 마십시오. 시편 저자는 확신합니다. "나는 악인이 폭력을 휘두르며 푸른 월계수처럼 뻗어 감을 보았다. 그러나 그는 지나자마자 이내 사라져, 나 그를 찾아보았으나 눈에 띄지 않았다"(37,35-36). 이 말씀은 신앙을 가진 사람이 마음에 품는 확신입니다. 그는 비록 아주 작고 불완전하지만, 하느님께서 완전한 분이심을 믿습니다.

이러한 점에서 시편 73편은 같은 주제를 간결하게 들려줍니다. "그러나 나는 하마터면 발이 미끄러지고 걸음을 헛디딜 뻔하였으니 내가 어리석은 자들을 시새우고 악인들의 평안함을 보았기 때문이네"(시편 73,2-3). "그들이 얼마나 순식간에 멸망해 버리는지! 그들은 없어지고 공포로 사라져 갑니다. 잠에서 깨어났을 때의 덧없는 꿈처럼 주님께서는 일어나실 때 그들의 모습을 업신여기십니다"(73,19-20). "저를 위하여 누가 하늘에 계십니까? 당신과 함께라면 이 세상에서 바랄 것이 없습니다. 제 몸과 제 마음이 스러질지라도 제 마음의 반석, 제 몫은 영원히 하느님이십니다"(73,25-26). 이 점이 성경에 등장하는 인간의 진정한 모습입니다.

인간은 미소한 피조물로서 세상의 창조주일 수 없습니다. 아주 작은 존재인 인간은 놀라우신 하느님께 의탁하고 내어 맡길 때, 온전하고 참으로 귀한 존재로 충만해집니다. 일찍이 표도르 도스토옙스키는 다음과 같은 눈부신 글을 남겼습니다. "존재의 모든 법칙은 오직 여기에 있습니다. 인간이 무한하신 절대자 앞에서 겸손하게 무릎 꿇을 수 있어야 합니다." 또한 마하트마 간디는 하느님 앞에서 극도로 겸손해지는 일이 얼마나 중요한지를 강조합니다. "하느님을 찾는 이는 누구나 먼지보다 더 겸손해져야 합니다!"

1818년 이탈리아의 제노바에서 태어난 아구스틴 로셀리 성인은 작은 거인과 같은 사제로 명성이 높습니다. 로셀리 신부님은 심오한 신학적 성찰을 바탕으로 다음과 같이 말씀하십니다. "천국에서 우리가 만날 분들은 순교자도, 주교도, 사제도, 신학자도 아닙니다. 우리는 천국에서 겸손한 이들을 만날 것입니다." 겸손 없이는 하느님께 나아갈 수 없습니다. 인간이 자신의 미소함을 평화롭게 받아들이고 이를 진리를 탐구하는 인고의 여정을 걷는 출발점으로 삼는다면, 그는 결국 영원하신 하느님의 손길과 무한하신 주님의 애정을 느낄 것입니다.

하지만 안타깝게도 항상 그렇게 되지는 않습니다. 역사적 인간은 자유가 교만으로 뒤바뀌는 비극적인 사건을 경험했습니다. 인간은 하느님을 거부하고 극적으로 죄로 인한 고통 속으로 떨어졌습니다. 이러한 이유로 다음의 두 번째 단계가 반드시 요청됩니다.

✱ 기도를 위한 우리의 둘째 걸음:
"오, 하느님! 이 죄인을 불쌍히 여겨 주십시오"
(루카 18,13)

프리드리히 니체(1844-1900)는 실존적 불안을 연구한 철학자로서 서구 문화의 드라마의 뛰어난 증인입니다. 그는 자신의 저작 《즐거운 지식》, 108번 단편에서 확신에 차 이렇게 선언합니다. "신은 죽었습니다. 그러나 인간의 성향을 고려하면 신의 그림자가 어른거리는 동굴은 수천 년 동안 여전히 계속해서 존재할 것이므로 우리는 그의 그림자 역시 이겨 내야 합니다."

어리석은 말입니다. 하느님에게서 멀어진 인간이 그림자가 될 수 있을지는 모르겠지만, 하느님은 결코 그림자가 되지 않으실 것입니다. 《즐거운 지식》의 125번 단편에서 니체는 무신론을 더 이상 지적 성취의 대상으로 말하지 않고, 깊은 고통과 내적 갈등이 따르는 드라마로 설명합니다.

광인에 대해 들어 보았습니까? 그는 환한 아침 햇살 속에 등불을 켜 들고 시장으로 달려가 "신을 찾습니다! 신을 찾습니다!"라고 끊임없이 외쳤습니다. 시장에는 신을 믿지 않는 많은 군중이 모여 있었기 때문에 그는 큰 웃음거리가 되었습니다. 어떤 사람은 "신이 길을 잃었습니까?"라고 묻고, 또 어떤 사람은 "신이 아이처럼 길을 잃어버린 것은 아닙니까?"라고 묻고, 또 어떤 사람은 "신이 숨어 버렸습니까? 우리를 두려워합니까? 배를 타고 어디로 갔습니까? 이민을 떠났습니까?"라고 왁자지껄 소리치며 비웃었습니다.

광인이 그들 한가운데로 뛰어들어 그들을 꿰뚫을 듯이 노려보며 외쳤습니다. "신이 어디로 갔는지 아십니까? 제가 말씀드리겠습니다. 우리가 그를 죽였습니다. 당신과 내가 죽였습니다. 우리 모두가 신을 죽인 살인자입니다. 하지만 어떻게 우리가 그런 일을 저지를 수 있었을까요? 어떻게 바다를 마지막 한 방울까지 마실 수 있었으며, 누가 우리에게 스펀지를 주어 세상의 모든 지평선을 닦아 냈을까요? 지구를 태양의 사슬에서 풀어 놓기 위해 우리는 무엇을 했습니까? 지금 지구는 어디로 움직이고 있습니까? 우리는 어디로 가고 있습니까? 태양계로부터 멀어져 가고 있습니까? 우리는 끝없이 추락하고 있는 것은 아닙니까? 우리는 뒤로, 옆으로, 앞으로, 모든 방향에서 추락하고 있지 않습니까? 여전히 위와 아래가 존재할까요? 우리는 끊임없이 허무 속에서 헤매고 있지는 않습니까? 공허함을 느끼지는 않습니까? 점점 더 추위를 느끼지는 않습니까? 밤은 계속되고 점점 더 어두운 밤이 오지 않습니까? 우리는 아침에 등불을 밝힐 필요는 없습니까? 신을 매장하는 자들의 시끄러운 소리가 들리지는 않습니까? 신들도 부패합니다. 신은 죽었습니다. 신은 죽은 채 남아 있습니다. 우리가 그를 죽였습니다. 살인자 중의 살인자인 우리는 어떻게 스스로를 위안할 수 있을까요? 이 세상이 지금까지 간직했던 가장 거룩하고 장엄한 분이 우리의 칼 아래 피를 흘렸습니다. 누가 우리를 위해 이 피를 닦아 낼 수 있을까요? 어떤 물로 우리를 씻어 낼 수 있을까요? 우리는 어떤 속죄 의식을 해야 할까요? 어떤 거룩한 일을 해야 할까요? 우리가 저지른 행동은 우리가 감당하기에는 너무나도 크지 않습니까?

역설적이지만 니체는 인류 역사의 실제적이고 비극적인 측면을 포착했습니다. 사실 인간은 정말로 하느님을 죽이려 했고 지금도 그렇게 합니다. 인간은 아버지 하느님에게서 도망치려 했으며 지금도 벗어나려 합니다. 인간은 자신만의 신을 만들려 시도했고 지금도 그렇게 합니다. 심지어 인간은 하느님이 되려고 합니다. 그 결과는 어떻습니까? 삶의 목적을 잃고 방황하는 사람처럼 의미를 상실하여 부유하듯 살아갑니다. 인생의 결정적이고 피할 수 없는 근본적인 질문에 대답할 수 있게 해 주는 삶의 나침반을 잃어버렸습니다. 우리는 누구입니까? 우리는 어디에서 왔고, 어디로 갑니까?

인드로 몬타넬리(1909-2001)는 이탈리아의 저명한 언론인이었습니다. 그가 죽기 직전에 용기를 내어 정직하게 고백했습니다. "내 영혼이 어디에서 와서 어디로 가고 과연 무엇을 하러 이 세상에 왔는지 깨닫지 못한 채 눈을 감아야 한다면 빠르게 지나가는 매일의 삶에서 눈을 뜰 가치가 있습니까? 안타깝게도 저는 지금 제가 실패한 삶을 살았다고 고백하는 것입니다." 우리가 곰곰이 생각해 볼 말입니다.

죄는 인간이 하느님에게서 멀어진 자리에서 싹트기 때문에, 어디에서 와서 어디로 가는지 침묵하게 만들고 결국 자신이 지금 어디에 있는지도 알 수 없게 합니다. 실제로 인간은 하느님을 거부함으로써 허상을 좇다가 아무것도 이루지 못하는 욕망의 구렁에 빠져 버립니다. 안타깝게도 오늘날 많은 사람이 겪는 체험입니다.

시편 78편은 과녁을 맞히지 못하는 화살에 빗대어 모든 죄가 낳는 결과를 들려줍니다. "그들의 조상들처럼 배신하고 배반하여 뒤틀린 활처럼 되어 버렸다"(시편 78,57). 이 때문에 죄는 인간의 근본적인 악이며 모든 악이 파생되는 뿌리입니다. 예레미야 예언자는 다음과 같이 말합니다. "너희 조상들이 나에게서 무슨 허물을 찾아냈기에 나에게서 멀어져 헛것을 따라다니다가 그들 자신도 헛것이 되었더란 말이냐?"(예레 2,5). 그리고는 간절한 마음으로 호소합니다. "네 악행이 너를 벌하고 네 배반이 너를 징계할 것이다. 주 너의 하느님을 저버린 것이 얼마나 나쁘고 쓰라린지 보고 깨달아라. 나에 대한 두려움이 너에게 없구나. 주 만군의 주님의 말씀이다"(2,19).

피에르 파올로 파솔리니(1922-1975)는 이탈리아 현대 문학의 대표 작가이자 영화감독이었습니다. 그는 하느님으로부터 멀어진 현대 문명에 대해 다음과 같이 한탄합니다. "항상 무언가가 부족하다고 느끼며 제 안에 올라오는 모든 직관은 공허했습니다. 통합적이지도 못했고 심지어 저속했습니다. 제 마음에 주님이 계시지 않아 불안했기에, 저는 너무나 저속하고 천박했습니다"(*L'alba meridionale* in *Le poesie*, Milano, Garzanti, 1975, p. 505).

인간을 하느님에서 멀어지게 하는 죄는 중요한 주제입니다. 우리는 마음의 눈을 뜨고 이와 같은 실수를 되풀이하지 않아야 합니다. 이제 중요한 질문을 해 보겠습니다. 이 모든 것이 기도의 길에 얼마나 영향을 미칠까요?

참된 기도는 죄가 우리의 마음에 얼마나 큰 상처를 입혔는지, 그로 인해서 우리의 인생길을 얼마나 아프게 했는지를 고통스럽지만 명확하게 인식을 했을 때 가능합니다.

우리는 하느님께 순종하지 않은 원조의 죄로 원죄를 가지고 태어났음을 알고 있습니다. 아담의 불순명으로 하느님에게서 멀어진 인류는 죄로 물들게 되었습니다. 인류의 역사는 점점 더 비뚤어지고 꼬이고 병들어 갔습니다.

하지만 여기서 끝나지 않습니다. 사람이 가지고 태어나는 원죄는 살아가면서 우리가 짓는 죄의 무게와 겹쳐집니다. 슬프게도 우리는 죄의 잡초가 우리의 인생길에 무성하게 자라나도록 내버려 두어, 하느님의 자녀로서의 품위를 손상시킵니다.

이제 기도에 관한 우리의 둘째 걸음을 정리해 봅시다. 우리의 약한 본성과 죄의 영향이 우리의 삶을 얽매고 있음을 깨닫는 것이 중요합니다. 죄가 하느님 모상으로 창조된 우리의 아름다움을 왜곡하고 하느님을 향한 우리의 타고

난 갈망을 혼란스럽게 만듦으로써, 우리의 삶이 혼돈에 빠지게 되었음을 인식하는 것이 기도를 위한 우리의 둘째 걸음입니다.

이러한 인식 없이는 진정한 기도를 할 수 없습니다. 진실로 기도하기 위해 우리는 우리의 미소함과 죄로 인한 상처를 드러낸 채 하느님께 나아가야 합니다. 오직 그렇게 할 때만, 기도를 통한 하느님과의 만남은 우리에게 진정한 해방과 구원이 될 것입니다.

그러나 여기서 또 다른 질문이 생깁니다. 하느님은 우리를 자유롭게 하고 싶으실까요? 하느님은 우리를 구원하고 싶으실까요? 하느님은 우리의 삶과 불행에 진정 관심이 있으실까요? 이사야서에는 우리 마음의 가장 고귀하고 깊은 갈망을 담아 바친 기도가 있습니다. "저희는 오래전부터 당신께서 다스리시지 않는 자들처럼, 당신 이름으로 불리지 않는 자들처럼 되었습니다. 아, 당신께서 하늘을 찢고 내려오신다면! 당신 앞에서 산들이 뒤흔들리리이다"(이사 63,19).

우리의 기도에 하느님은 응답하실까요? 예, 그렇습니다. 우리 가톨릭 신앙인들은 하느님께서 우리의 갈망에 응답하신다고 고백합니다.

✱ 우리를 향한 하느님의 첫걸음: "하느님께서는 세상을 너무나 사랑하신 나머지 외아들을 내주시어"(요한 3,16)

그리스도인의 기도는 바로 지금 시작됩니다. 지난 수백 년 동안 그리스도인들은 마치 폭풍우와 같은 무신론의 도전 속에서 너덜너덜해진 깃발처럼 살아왔습니다. 그러나 이천 년 동안 우리의 눈에 생기를 주고 마음을 충만하게 한 기쁜 소식이 있습니다. "말씀이 사람이 되시어 우리 가운데 사셨다"(요한 1,14). 이 말씀이 모든 것을 명료하게 밝혀 줍니다. 말씀이 비추는 희망의 빛으로 말미암아 죄에 대한 우리의 인식도 변화되어 더 이상 죄가 두렵지 않습니다. 블레즈 파스칼(1623-1662)은 자신의 저서에서 가톨릭 교회의 가르침을 요약하며, 하느님께 의탁하는 기도를 드립니다. "오, 하느님, 저의 죄를 보여 주소서."

하느님은 즉시 말씀하시길 원하지 않으십니다. 그러나 파스칼이 끈질기게 요구하자 하느님은 대답하셨습니다. "만약 네가 네 죄를 알게 된다면, 너는 낙심할 것이다." 그러자 파스칼은 불안해졌습니다. 그는 하느님의 빛에 의해 마치 발가벗겨진 것처럼 느꼈습니다. 하지만 그는 용기를 내어 대답했습니다. "오, 하느님, 그렇다면 저는 절망해야 합니까?" 그러자 하느님이 응답하십니다. 사실 이 말씀이야말로 가톨릭교회의 가르침의 요약이라고 할 수 있습니다. "아니다. 너는 절망하시 않을 것이다. 왜냐하면 너의 죄는 네 죄가 용서받는 그 순간 드러날 것이기 때문이다." 이 모두가 진정 참됩니다. 예수님은 이 세상에 오셔서 인간의 완고힌 교만을 무너뜨릴 결정적인 일을 하셨습니다. 실제로 교만은 우리의 눈을 멀게 합니다. 교만은 인간의 영혼을 파괴합니다. 교만은 영혼의 상처를 숨겨 곪게 만듭니다. 우리는 우리 자신이 누구인지를 참으로 깨닫고 주님께 나아가야 합니다. 그렇습니다. 우리는 참으로 가난한 죄인입니다. 하지만 그것이 전부가 아닙니다. 우리가 비록 죄를 짓고 하느님을 아프게 하지만, 하느님은 우리를 용서하시고 화해하시려고 온 마음을 다하십니다.

요한 복음사가는 말합니다. "하느님께서 아들을 세상에 보내신 것은, 세상을 심판하시려는 것이 아니라 세상이 아들을 통하여 구원을 받게 하시려는 것이다. 아들을 믿는 사람은 심판을 받지 않는다. 그러나 믿지 않는 자는 이미 심판을 받았다. 진리를 실천하는 이는 빛으로 나아간다. 자기가 한 일이 하느님 안에서 이루어졌음을 드러내려는 것이다"(요한 3,17-18ㄴ.21). 그렇다면 믿는 이들의 기도란 무엇입니까? 그리스도인의 기도란 하느님께서 참으로 자신을 비우시고 강생하시어 우리 가까이 오셨다는 놀라운 말씀을 늘 가슴에 품는 것입니다. 그리스도인의 기도란 죄로 인해 짓눌리고 상처 입은 자녀가 아버지의 집으로 돌아갈 때 체험하는 사랑과 위로의 눈물입니다. 아버지 앞에서 눈을 들어 바라보면 원망은 찾을 수 없고 오히려 미소를 보며 아버지의 한없는 온정과 따스함을 느낄 수 있습니다. 그리스도인의 기도는 이렇게 시작합니다.

기쁨에 가득 찬 놀라움의 체험이야말로 참된 기도의 정수입니다. 아시시의 프란치스코 성인이 십자고상 앞에서 감격의 눈물을 흘리며 기도했던 순간을 떠올려 봅시다. 샤를 드 푸코 성인이 사하라 사막에서 지낼 때 하느님의 사랑을 느끼고 그 사랑에 감사드리기 위해서 밤새도록 성체 앞에서 머물렀던 일화를 기억해 봅시다. 예수님은 당신의 말씀 선포와 기적을 통해서 하느님은 사랑이시라는 사실을 우리에게 가르쳐 주셨습니다. 예수님은 하느님 사랑의 기쁜 소식을 선포하셨을 뿐만 아니라, 당신 자신이 사랑의 하느님과 이루는 일치를 보여 주셨습니다. 이제 우리를 향한 하느님의 둘째 걸음에 관해 말씀드리고자 합니다. 우리는 그리스도인의 기도의 정점으로 나아가고 있습니다. 하느님은 우리를 용서하실 뿐만 아니라 우리를 당신 품에 끌어안으시고, 그분이 하신 것처럼 우리도 사랑하도록 은총을 베푸십니다.

* **우리를 향한 하느님의 둘째 걸음:**
  "저는 그들에게 아버지의 이름을 알려 주었고 앞으로도 알려 주겠습니다. 아버지께서 저를 사랑하신 그 사랑이 그들 안에 있고 저도 그들 안에 있게 하려는 것입니다"(요한 17,26)

우리는 기도 체험의 중심에 있습니다. 하느님처럼 사랑하라는 초대를 어떻게 이해해야 할까요? 사실 이것이 기도의 전부입니다. 우리는 스승이신 예수 그리스도를 따르며 그분의 말씀에 귀를 기울여야 합니다. 그분만이 하느님이 어떻게 사랑하시는지 우리에게 말씀하실 수 있습니다. "어떤 사람이 양 백 마리를 가지고 있었는데 그 가운데에서 한 마리를 잃으면, 아흔아홉 마리를 광야에 놓아둔 채 잃은 양을 찾을 때까지 뒤쫓아 가지 않느냐? 그러다가 양을 찾으면 기뻐하며 어깨에 메고 집으로 가서 친구들과 이웃들을 불러, '나와 함께 기뻐해 주십시오. 잃었던 내 양을 찾았습니다' 하고 말한다"(루카 15,4-6).

이 얼마나 양 냄새 나는 착한 목자인지요? 그는 불편함이나 위험 그리고 고단함을 감내하면서 잃은 양을 찾기 위해 온 정성을 기울입니다. 착한 목자는 인간적인 동시에 얼마나 거룩한 분입니까? 되찾은 양의 비유에 이어 예수님께서는 다음과 같이 분명히 말씀하십니다. "이와 같이 하늘에서는, 회개할 필요가 없는 의인 아흔아홉보다 회개하는 죄인 한 사람 때문에 더 기뻐할 것이다"(15,7).

착한 목자의 이미지 뒤에는 놀랍게도 하느님의 얼굴과 마음이 있습니다. 예수님께서 두 번째로 들려주시는 되찾은 은전의 비유는 다음과 같습니다. "또 어떤 부인이 은전 열 닢을 가지고 있었는데 한 닢을 잃으면, 등불을 켜고 집 안을 쓸며 그것을 찾을 때까지 샅샅이 뒤지지 않느냐? 그러다가 그것을 찾으면 친구들과 이웃들을 불러, '나와 함께 기뻐해 주십시오. 잃었던 은전을 찾았습니다' 하고 말한다. 내가 너희에게 말한다. 이와 같이 회개하는 죄인 한 사람 때문에 하느님의 천사들이 기뻐한다"(15,8-10).

이 같은 하느님의 이미지는 참으로 대담합니다. 하느님

은 소중한 은전을 잃어버렸다는 것을 알아차리고 힘든 시간을 겪는 부인의 모습으로 그려집니다. 부인은 안절부절못하며 집 안을 뛰어다니면서 구석구석을 헤집고 다닙니다. 부인은 잃어버린 동전을 찾을 때까지 집 안을 쓸며 샅샅이 뒤지다가, 마침내 은전을 찾게 되면 기뻐하며 외칩니다. 그렇습니다. 하느님은 그처럼 우리를 찾으십니다. 예수님은 죄인 한 사람이 회심할 때 하느님의 천사들이 기뻐한다고 힘주어 말씀하십니다. 예수님은 하느님의 기쁨을 우리에게 들려주십니다. 우리가 이러한 하느님의 얼굴과 마음을 보게 된다면 어찌 눈물을 흘리지 않을 수 있을까요? 하지만 예수님은 아직 아버지의 마음을 온전히 다 묘사하지 않으셨습니다.

예수님은 세 번째로, 되찾은 아들의 비유를 통해서 아버지가 얼마나 자비로운 분이신지를 결정적으로 보여 주십니다. "어떤 사람에게 아들이 둘 있었다. 그런데 작은아들이, '아버지, 재산 가운데에서 저에게 돌아올 몫을 주십시오' 하고 아버지에게 말하였다. 그래서 아버지는 아들들에게 가산을 나누어 주었다"(루카 15,11-12).

  매우 섬세한 이 비유의 흐름을 따라갑시다. 비유의 중심에는 비극적인 운명을 지닌 아버지가 등장합니다. 그는 아들이 둘 있습니다. 그중에 작은아들은 아버지가 아직 살아 있는데도 유산을 요구할 정도로 뻔뻔하기가 이루 말할 수 없습니다. 작은아들의 이 행동은 끔찍한 잔인함을 드러냅니다. 왜냐하면 이 아들에게 아버지는 마치 죽은 사람과 같습니다. 더 잔인한 점은 이 아들에게 아버지의 존재가 부정당하고 있는데 이는 곧 아버지를 내적으로 살해한 것과 같습니다. 그에게는 오직 아버지의 유산만이 중요합니다. 그리고 아버지는 우리가 상상할 수 없을 만큼 큰 마음의 고통을 겪으면서 아들을 떠나보내야만 했습니다. 이 아버지는 진심으로 아들을 사랑하지만, 그가 자신을 사랑하도록 강요하지는 않습니다. 왜냐하면 사랑은 강제로 이루어지는 것이 아니기 때문입니다. 이 아들은 결국 아버지를 떠납니다. 하지만 그가 꿈꾸던 삶은 생존을 위해 돼지를 칠 수밖에 없는 가장 밑바닥까지 추락합니다(15,13-15). 악이 가져오는 결과가 어떤지를 잘 묘사하고 있습니다.

헛된 꿈은 그렇게 부질없이 끝났습니다. 아버지 집을 떠난 그에게 남은 것은 돼지우리라는 쓰라린 비참함입니다. 이제 아버지의 존재를 부정하며 집을 떠난 작은아들의 마음에 변화가 일어납니다. 무슨 변화일까요? 고향에 대한 그리움일까요? 아버지에 대한 그리움일까요? 아니면 삶의 회복을 향한 갈망일까요? 아닙니다. 되찾은 아들의 비유는 내면의 생생한 움직임들에 대해 말하지 않습니다. 오히려 작은아들의 흐릿하고 무감각한 태도를 보여줍니다. "그제야 제정신이 든 그는 이렇게 말하였다. '내 아버지의 그 많은 품팔이꾼들은 먹을 것이 남아도는데, 나는 여기에서 굶어 죽는구나. 일어나 아버지께 가서 이렇게 말씀드려야지. '아버지, 제가 하늘과 아버지께 죄를 지었습니다'"(15,17-18).

작은아들은 아버지를 아프게 한 행동을 후회하지 않았습니다. 그는 자신이 아버지에게 얼마나 큰 상처를 주었는지 성찰하지 않았기에 양심의 가책도 느끼지 않았습니다. 또한 아버지가 자신에게 보여 준 사랑에 반해, 자신이 얼마나 아버지의 기쁨을 빼앗고 고통스럽게 하였는지에 무감각한 채 참회의 눈물도 흘리지 않았습니다. 사실 그는 이제 막 마음을 돌려 자신의 잘못을 뉘우치고 있습니다. 그는 그토록 도망치고 싶었던 집으로 방향을 돌려 천천히 발걸음을 옮깁니다. 그런데 그가 전혀 예상하지 못했으며, 그의 마음을 송두리째 뒤흔든 사건이 펼쳐집니다. "그가 아직도 멀리 떨어져 있을 때에 아버지가 그를 보고 가엾은 마음이 들었다. 그리고 달려가 아들의 목을 껴안고 입을 맞추었다"(15,20).

이 아버지는 어떤 사람일까요? 어떤 마음을 지녔기에 인간의 상식과 사고를 뛰어넘는 행동을 보여 준 것일까요? 사실 그는 성난 얼굴로 격노를 드러낼 수 있었습니디. 하지만 그러지 않습니다. 오히려 다음과 같이 말합니다. "어서 가장 좋은 옷을 가져다 입히고 손에 반지를 끼우고 발에 신발을 신겨 주어라. 그리고 살진 송아지를 끌어

다가 잡아라. 먹고 즐기자. 나의 이 아들은 죽었다가 다시 살아났고 내가 잃었다가 도로 찾았다"(15,22-24).

작은아들의 배은망덕한 행위에도 아버지는 한결같이 그 자리에서 아들을 사랑합니다. 아버지의 마음은 마르지 않는 샘과 같습니다. 그는 조건을 달지 않고 오직 사랑할 줄만 알기에 그 사랑은 참되고 존귀합니다. 이 아버지가 바로 하느님 아버지의 마음을 보여 줍니다. 우리가 믿고 고백하는 하느님이 이토록 자비롭고 선하시다는 사실은 우리를 놀라게 합니다. 하지만 이 사실은 결코 우리가 만들어 낸 것이 아닙니다. 바로 성경 말씀이 증언합니다. "아무도 하느님을 본 적이 없다. 아버지와 가장 가까우신 외아드님 하느님이신 그분께서 알려 주셨다"(요한 1,18). 그러니 누가 의심할 수 있겠으며 누가 이의를 제기할 수 있겠습니까? 그런데 이 비유는 여기서 끝나지 않습니다. 이제 시기심에 사로잡힌 큰아들이 등장하여 아버지를 원망하며 화를 냅니다. 예수님의 마음에서 울려 나오는 복음 말씀에 귀 기울여 봅시다. "그때에 큰아들은 들에 나가 있었다. 그가 집에 가까이 이르러 노래하며 춤추는 소리를 들었다. 그래서 하인 하나를 불러 무슨 일이냐고 묻자, 하인이 그에게 말하였다. '아우님이 오셨습니다. 아우님이 몸성히 돌아오셨다고 하여 아버님이 살진 송아지를 잡으셨습니다'"(루카 15,25-27).

큰아들이 아버지를 진심으로 사랑한다면, 아버지께 달려가서 이렇게 말했을 것입니다. "아버지, 아버지께서 기뻐하시니 저 역시 정말 기쁩니다. 지금의 이 기쁨을 아버지와 함께 나누고 싶어요. 아버지의 마음이 여한이 없이 이토록 좋으시니 저도 행복합니다." 그러나 아들은 그렇게 하지 않았습니다. "큰아들은 화가 나서 들어가려고도 하지 않았다"(15,28).

이 얼마나 실망스러운 행동인가요? 큰아들은 아버지의 마음을 이해하지 못하고 이해하려고도 하지 않습니다. 큰아들과 아버지 사이에 깊이 패인 감정의 골이 명확하게 드러납니다. 작은아들이 집으로 돌아온 사건을 계기로 두 사람 사이에 마음의 거리가 얼마나 먼지가 드러납니다. 작은아들을 다시 찾은 아버지는 이제 또 다른 어려움에 직면합니다. 그는 살아 돌아온 작은아들을 부둥켜안으며 기쁨에 젖었지만, 동시에 예상치 못한 큰아들의 부정적인 반응에 쓰라림을 맛보고 있습니다. 아버지는 큰아들을 어떻게 대하나요? 감정적 분노로 맞대응하나요? 예수님은 계속해서 비유를 들려주십니다. "그래서 아버지가 나와 그를 타이르자"(15,28). 아버지가 큰아들을 대하는 태도는 납득하기 어려울 만큼 과한 것일까요? 그렇게 생각될 수도 있습니다. 그럼에도 불구하고, 아버지는 이러한 방식으로 우리들도 사랑하시기에 우리의 인생길은 그분의 한없는 다정함으로 인해 버틸 수 있고 살아갈 수 있습니다.

"얘야, 너는 늘 나와 함께 있고 내 것이 다 네 것이다. 너의 저 아우는 죽었다가 다시 살아났고 내가 잃었다가 되찾았다. 그러니 즐기고 기뻐해야 한다"(15,31-32). 예수님이 이 비유를 말씀하실 때, 세상에서 유일하고 하나밖에 없는 '나의 아이'라는 의미로 아버지가 아들을 "얘야"

라고 부르는 점에 주목하면 좋겠습니다. 예수님은 이런 방식으로 아버지 하느님의 모습을 우리에게 보여 주십니다.

아버지의 본성은 사랑입니다. 그 사랑은 아버지의 모습을 가장 잘 보여 주는 특성이고, 언제까지나 충실하며, 스러지지 않습니다. 이토록 놀라운 아버지의 사랑으로 충만한 이 비유 말씀은, 우리도 아버지의 마음으로 들어가서 그분이 보여 주신 사랑의 삶을 살도록 우리를 부릅니다.

"의로우신 아버지, … 저는 그들에게 아버지의 이름을 알려 주었고 앞으로도 알려 주겠습니다. 아버지께서 저를 사랑하신 그 사랑이 그들 안에 있고 저도 그들 안에 있게 하려는 것입니다"(요한 17,25-26). 그리스도인의 기도는 바로 하느님의 사랑에 그 뿌리를 내리고 있습니다. 참된 기도란 하느님의 무한한 사랑과 지비가 우리의 부서지기 쉽고 연약한 본성과 만나는 자리입니다. 그렇게 참된 기도가 이루어질 때 사랑의 강이 우리의 마음으로 흘러들어 우리는 성령으로 충만하게 됩니다. 그럴 때 우리 마음 안에는 사랑의 하느님이 함께하십니다. 일찍이 아시시의 프란치스코 성인에게 일어난 일처럼요!

제3장

아시시의 성 프란치스코

개인 기도를 영적 자양분으로 삼아 성장한 아시시의 성 프란치스코는 교회 역사에 큰 획을 그었습니다. 우리도 기도를 통해서 하느님의 사랑에 어떻게 응답할 수 있을지 살펴봅시다.

프란치스코 성인은 1182년 아시시에서 태어났습니다. 성인의 아버지 피에트로 디 베르나르도는 성공한 사업가로서 오직 재산을 늘리는 데만 관심이 있었습니다. 어머니 피카는 프랑스의 프로방스 출신이었습니다. 성인이 출생했을 때 아버지는 천 장사를 하러 멀리 떠나 있느라 아이가 태어나는 것을 보지 못했습니다. 어머니는 아이가 태어나자 바로 조반니라는 이름으로 세례를 주었습니다. 그런데 여행에서 돌아온 아버지는 이 세례명이 너무 종교적이라고 느꼈기에 아들의 이름을 프란치스코로 바꾸었습니다. 왜냐하면 자신이 거래하는 옷감이 프랑스에서 생산되었기 때문입니다. 이렇게 해서 프란치스코라는 이름이 역사에 남았습니다. 아이러니하게도 그의 이름은 영리를 좇기 위해서 선택되었습니다. 참으로 이상한 점이지만, 동시에 참으로 놀라운 사실이기도 합니다.

프란치스코 성인은 근심 걱정 없는 무분별한 청년기를 보냈습니다. 그렇다고 해서 나쁜 생각을 하거나 부정한 마음을 품거나 폭력적이지는 않았습니다. 철없이 시간을 보낼 때에도 길에서 가난한 사람들을 만나면 따뜻하고 다정하게 대했습니다. 그의 아버지는 아들의 이러한 성향을 못마땅하게 여겼지만, 언젠가는 아들이 시장과 영리 추구에 눈을 떠서 자신의 전부인 가업을 물려받으리라고 생각하면서 용인하였습니다. 프란치스코 성인은 성격이 유쾌하고 사교적이었을 뿐만 아니라 아버지의 재산으로 날마다 술자리를 만들었기 때문에 많은 친구들이 그를 따랐습니다. 동료들은 그를 '파티의 왕'이라 칭송하며 환호했습니다.

그렇게 몇 년이 지났습니다. 만약 그가 이런 식으로 계속 살아갔다면 오늘날 아무도 그를 기억하지 않고 언급조차 하지 않았을 것입니다. 프란치스코 성인은 어쩌면 자기

중심적이며 허영심에 들떠 삶을 낭비하는, 그 시절의 많은 젊은이 중 한 명이었을 것입니다. 만일 그가 줄곧 그렇게 살았다면 오늘날 우리가 알고 있는 아시시의 성 프란치스코는 존재하지 않았을 것이며, 우리 교회 역사도 어떻게 달라졌을지 모릅니다.

   성 요한 바오로 2세 교황이 교회의 청년들에게 "달팽이처럼 되지 마세요"라고 말한 적이 있습니다. 비단 젊은이뿐만 아니라 우리 모두에게도 적용할 수 있는 말씀입니다. 교황님이 이 말씀을 하시자 처음에는 모든 사람이 달팽이처럼 천천히 살아가지 말라는 교훈으로 오해했습니다. 하지만 교황님이 달팽이라는 이미지를 사용하여 들려주신 말씀의 의도는 달랐습니다. "달팽이처럼 되지 마세요. 달팽이는 도무지 종잡을 수 없이 걸으며 점액을 남깁니다. 또한 비가 조금만 와도 달팽이가 지나간 길은 금세 사라져 버립니다. 여러분은 그렇게 되지 마세요. 여러분의 삶을 낭비하지 마세요." 성 프란치스코의 모습은 달팽이와 달리 깊은 발자국을 남겼습니다. 그의 발자취는 오늘날에도 여전히 많은 청년들을 끌어당기면서 마음속에 질문을 던집니다. "우리는 무엇을 남길 것인가?"

다시 프란치스코 이야기로 돌아갑시다. 프란치스코 성인은 1205년에 삶의 방향을 바꾼 결정적인 순간을 맞이합니다. 바로 성 다미아노 성당에서 십자가에 달리신 예수님을 만난 일이었습니다. 당시 그는 스물세 살이었습니다. 그때 처음으로 예수님이 그의 마음에 말씀을 건네셨습니다. 그리고 성인의 마음속으로 들어가셔서 그를 인격적으로 부르셨습니다. 프란치스코 성인은 예전에도 십자가 앞에서 기도한 적이 있었지만, 이 기도야말로 그의 삶에 결정적인 변화를 불러왔습니다. 많은 신앙인뿐만 아니라 사제, 수도자, 신학자 들도 이렇듯 살아 계신 예수님과의 만남을 놓치고 있기에 신앙생활이 생기 없고 무미건조해집니다. 하느님이 멀리 계신 것처럼 느껴지기에 무의미한 분처럼 여겨집니다. 그 때문에 신앙의 열정이나 마음의 기쁨이 사그라들고 결국 삶도 무기력해집니다. 프란치스코 성인의 예수님 체험은 사실 인생의 불확실성에 직면할 때 주어졌습니다. 그는 재물이 인생을 보장해 주는 확실한 안전장치가 아니라는 점을 깨닫습니다. 심지어 세상의 즐거움이나 권력, 성공이나 출세 등도 모두 삶을 지탱해 주는 안정적인 토대가 될 수 없음을 알게 됩니다.

프랑스 소설가 쥘리앵 그린(1900-1998)은 우리 시대에 즐길 거리들로 그득한 장소들이 기하급수적으로 증가하는 현상에 충격을 받고 용기를 내어 말합니다. "만일 사람들이 회심하고자 한다면 교회에 가야 할 필요는 없을 것입니다. 오히려 유흥지에 가야 합니다. 왜냐하면 그곳은 세상에서 가장 공허하고 우울한 장소이기 때문입니다."

이탈리아 극작가 루이지 산투치(1918-1999)는 "우리 신앙인들이 세상의 향락을 탐하는 이들이 찾는 난잡한 일들을 멀리하는 이유는 난지 지옥을 두려워해서가 아니라, 탐욕의 굴레에서 벗어나서 맑고 넓은 마음으로 살아갈 때 누릴 수 있는 비할 데 없는 큰 기쁨을 알기 때문입니다"라고 말합니다. 우리 인생은 이렇듯이 참다운 기쁨과 진정한 위안의 토대 위에서만 다져질 수 있습니다. 얼마나 많은 사람이 이 점을 간과하며 착각하고 있는지 모릅니다. 시편 저자는 이렇게 말합니다. "언제까지 내 명예를 짓밟고 헛된 것을 사랑하며 거짓을 찾아다니려 하느냐?"(시편 4,3).

프란치스코 성인은 세속적 가치의 한계와 허무함을 이해하면서도 하느님 앞에서 자신의 부족함, 근본적인 가난함, 그리고 부서지기 쉬운 취약함을 알게 되었습니다. 이런 과정을 통해 자기중심적인 생각과 행동을 멈추게 됩니다. 그의 겸손한 태도는 그의 인생 전반에 걸쳐 지속되었습니다. "제가 가장 사랑하는 저의 주님, 당신은 누구십니까? 그러면 저는 누구입니까? 당신에 비하면 너무나 비천한 벌레와 같은 미소한 종이 아닐까요?" 라 베르나산山의 깊은 침묵 속에서 프란치스코 성인은 계속 기도했습니다. 《성 프란치스코의 잔 꽃송이》에서 이 아름답고 의미심장한 일화를 살펴볼 수 있습니다.

성 프란치스코는 한때 마리냐노 출신의 맛세오 형제와 함께 포르치운콜라에 머물렀습니다. 맛세오 형제는 매우 거룩한 사람이었고 분별력이 탁월했으며, 하느님의 영역에 관해 이야기하는 은총을 지니고 있었습니다. 그래서 성 프란치스코는 그와 영적인 우정을 나누었습니다. 어느 날, 성 프란치스코가 숲속에서 기도를 마치고 나오고 있을 때였습니다. 맛세오 형제는 성인이 얼마나 겸손한지 그만 시험해 보고 싶었습니다. 그래서 그에게 다가가서 속삭이며 농담처럼 말했습니다. "왜 당신인가요? 왜 당신인가요? 왜 당신인가요?" 그러자 성 프란치스코가 맛세오의 의도를 되물었습니다. "무슨 말을 하고 싶은 것인가요?" 그러자 맛세오 형제가 말했습니다. "왜 모든 사람이 당신을 따르고, 모두가 당신을 보고 싶어 하고, 말씀을 청해 듣고자 하며, 기꺼이 따르기를 원하는 것일까요? 당신은 잘 생기지도 않고, 대단한 학식도 지니지 않았으며, 귀족도 아니지 않습니까? 그런데 도대체 왜 모든 사람이 당신을 따르는 겁니까?"

성 프란치스코는 이 말을 듣고 주님 안에서 기뻐하며 머리를 들어 하늘을 바라보고 오랜 시간 동안 하느님께 기도를 드렸습니다. 그러고는 다시 무릎을 꿇고 하느님께 감사와 찬미를 드렸습니다. 잠시 뒤 성인은 열렬한 마음으로 가득 차 맛세오 형제를 바라보며 말했습니다. "왜 그런지 알고 싶습니까? 왜 세상의 모든 사람이 저를 따르는지 알고 싶습니까? 저는 지극히 높으신 하느님의 눈길이 선한 이들과 악한 이들을 항상 바라보고 계신다는 점을 잘 알고 있습니다. 그러므로 주님의 지극히 거룩하신 그 시선으로 보자면, 모든 죄인 중에서 저보다 더 비천하고, 더 부당하고, 더 죄 많은 사람은 세상에 없을 것입니다."

여기서 특별히 나누고 싶은 내용은 프란치스코 성인이 하느님의 거룩하심과 자신의 겸손한 처지에 관해 온전히 확신하고 있었다는 점입니다. 마치 사람들이 베르나데타 성녀에게 성모 마리아가 왜 성녀를 선택했는지 물었을 때처럼 말입니다. 베르나데타 성녀는 온 마음으로 진심을 다해 대답합니다. "왜냐하면 제가 가장 무지했기 때문입니다. 만약 성모님께서 저보다 더 무지한 사람을 찾았다면, 그분을 선택했을 것입니다."

보나벤투라 성인은 이와 관련하여 프란치스코 성인의 참모습을 드러내는 아름다운 일화를 들려줍니다.

성 프란치스코는 자신에게 적용하는 것과 똑같이 다른 사람들에게도 명예보다 겸손을 중요하게 여겼습니다. 그러므로 겸손한 이들을 사랑하시는 하느님께서는 그를 천상의 영광에 합당하다고 판단하셨습니다. 이는 덕이 높고 신심 깊은 한 형제가 본 환시에서 드러났습니다. 이 형제는 성 프란치스코와 함께 순례를 하며 하느님을 섬겼던 사람입니다. 한번은 그가 어느 성당에서 기도를 바칠 때의 일입니다. 그는 황홀경에 빠져서 하늘의 수많은 자리들을 보았는데 그중에서도 보석으로 장식된 가장 화려하고 영광스러운 자리 하나를 보았습니다. 그렇게 훌륭한 왕좌의 광채에 도취되어 우러러보면서, 과연 누가 그 자리를 차지하게 될지 너무나도 궁금해졌습니다. 그때 어디에선가 소리가 들려왔습니다. "이 왕좌는 원래 어느 천사에게 속해 있었지만, 이제는 겸손한 프란치스코를 위해 남겨 두었습니다." 황홀경에 빠져 기도를 마친 후에 정신을 차린 그는 성당에서 나와 성인을 따랐습니다. 그들은 다시 길을 걷기 시작하면서 언제나 그렇듯이 하느님에 관해 서로 이야기를 나누기 시작했습니다. 그때 그 형제가 자신의 마음속에 깊이 새겨진 환시를 떠올리며 성 프란치스코가 자신을 어떻게 생각하는지를 물었습니다. 겸손한 그리스도의 종인 성인이 대답했습니다. "저는 제가 가장 큰 죄인인 것 같습니다." 그러자 그 형제는 양심에 따라, 당신은 그런 말을 생각할 수도 없고 말할 수도 없을 것이라고 답하니 성 프란치스코가 설명했습니다. "만약 그리스도가 저를 대하듯이 가장 악한 사람을 자비하심과 선하심으로 대우했더라면 그가 저보다 하느님께 훨씬 더 감사를 드렸을 것이라고 저는 확신합니다." 이렇듯이 겸손한 말을 듣고서야 그 형제는 자신의 환시가 사실이었음을 알게 되었습니다. 성경 말씀의 가르침처럼, 참으로 겸손한 이는 하늘 나라에서 높임을 받을 것이고, 교만한 자는 그곳에서 거절당할 것입니다.

우리는 종종 겉으로 겸손한 행동을 하지만, 사실 우리의 마음은 여전히 교만으로 가득 차 있기도 합니다. 그러나 프란치스코 성인은 더 이상 자기 자신을 찾지 않고 하느님을 향한 신뢰로 겸손하게 살아갔기에 하느님의 품으로 이끌렸습니다. 이것 하나는 분명합니다. 자기 자신이 중심에 있는 한, 하느님은 항상 주변에 머무르실 것입니다. 이 점을 잊지 마십시오. 하느님이 주변부에 계신다면 형제애도 생길 수 없습니다. 우리에게 오는 엉적 위험은 바로 이것입니다. 실제로는 여기저기에 발을 걸쳐 놓으며 꼼짝하지 않고, 자만하는 삶을 살면서 하느님을 향해 나아가는 척하거나, 실제로 나아간 것처럼 만족하는 것입니다. 안타깝게도 우리 모두는 수많은 숨겨진 자아를 가지고 있으면서도 인정하려 들지 않습니다. 우리도 프란치스코 성인처럼 우리 내면에 참된 진실의 불을 밝혀야 합니다. 참된 겸손의 행위가 변하지 않는 내적 태도로 자리 잡을 때 비로소 회심의 길이 열립니다. 우리는 프란치스코 성인이 《미덕에 대한 찬사*Elogio delle virtù*》에 기록한 말을 잊지 말아야 합니다. "자기 자신을 먼저 죽이지 않으면, 즉 겸손해지지 않는다면 이 세상에서 덕을 갖출 수 있는 사람은 아무도 없습니다."

그런데 어떻게 하면 우리의 신뢰가 전적으로 예수님 위에 견고하게 세워져 있는지 알 수 있을까요? 프란치스코 성인은 '완전한 기쁨'이라 일컬어지는 유명한 일화에서 이에 대해 답변합니다.

레오 형제가 전하기를, 어느 날 성 프란치스코가 산타 마리아 델리 안젤리 대성당에서 레오 형제를 부르며 말했습니다. "레오 형제여, 기록하십시오." 그러자 레오 형제가 대답했습니다. "예, 저 여기 있습니다. 준비가 되었습니다." 그러자 성 프란치스코는 말했습니다. "무엇이 참된 기쁨인지 받아쓰십시오. 전령이 와서 파리의 모든 학자가 우리 수도회에 입회했다고 말한다면 그것은 진정한 기쁨이 아니라고 적으십시오. 마찬가지로, 알프스산맥 너머의 모든 고위 성직자, 대주교와 주교들뿐만 아니라 심지어 프랑스 왕과 영국 왕까지 우리 수도회에 입회했다고 말한다면 그것 또한 진정한 기쁨이 아니라고 적으십시오. 그리고 만약에 내 형제들이 이교도들을 모두 가톨릭 신앙으로 개종시켰다고 하거나, 내가 하느님으로부터 큰 은총을 받아 병든 이들을 치유해 주고 많은 이적을 행한다는 소식이 여러분에게 전해진다 해도 이 모든 것 안에는 진정한 기쁨이 없다고 적으십시오."

"그렇다면 무엇이 참된 기쁨인가요?"라고 레오 형제가 소리 높여 반문합니다. "잘 들어 보십시오. 제가 늦은 밤에 페루자에서 돌아와 수도원에 도착했습니다. 때는 모든 것이 얼어붙은 추운 겨울밤입니다. 저의 수도복 자락에는 얼어붙은 물이 고드름이 되어서는 진창길을 걸을 때마다 다리를 계속해서 때려 상처가 나고 그 상처에서 피가 납니다. 마침내 저는 추위에 덜덜 떨면서 얼어붙은 진흙투성이로 문 앞에 다다릅니다. 그런데 오랫동안 문을 두드리고 사람을 불러도 아무런 인기척이 없습니다. 그러자 어느 형제가 나와서 제게 묻습니다. "누구십니까?" 저는 "프란치스코입니다"라고 대답합니다. 그러자 그가 말합니다. "썩 가 버리시오. 지금은 돌아다니기에 적절한 시간이 아니니 이 안으로 들어올 수 없소." 제가 안으로 들여보내 달라고 읍소하자 또 다른 형제가 같은 대답을 합니다. "얼른 썩 가 버리시오. 이 어리석고 무식한 사람아! 두 번 다시 들어올 생각을 하지 마시오. 여기에는 많은 형제들이 있고 우리는 더 이상 당신이 필요 없소." 물론 오해를 받는 것이 완전한 기쁨을 가져다주는 것은 아닙니다. 하지만 오해와 시련에도 불구하고 마음이 평온하다면, 그는 예수님께 자신을 온전히 내맡기고 있다고 확신해도 됩니다. 예수님은 신실하시기 때문에 나의 마음은 항상 완전한 기쁨에 머무를 것입니다. 반면 오해나 모욕이 나를 곤경에 빠뜨린다면, 이는 나의 자존심이 여전히 내 삶에 중심에 있다는 의미입니다. 그러면 완전한 기쁨을 절대 알지 못할 것입니다.

성 다미아노 성당에서의 경험을 다시 떠올려 봅시다. 프란치스코 성인은 우리들의 마음속에도 들어 있는 교만이 산산조각 나는 체험을 합니다. 그렇게 마음이 가난해진 순간에 성인은 예수님을 느낍니다. 사실 아우구스티누스 성인도 비슷한 체험을 했습니다. 그가 《고백록》에서 말하기를 "저는 겸손하지 못하여 겸손한 분인 예수님을 찾지 않았습니다. 주님을 찾지 못했습니다." 성 다미아노의 작은 성당에서 예수님이 프란치스코의 이름을 부릅니다. "프란치스코!" 예수님은 마치 구걸하는 사람처럼 그에게 말합니다. "프란치스코, 보다시피 다 허물어져 가는 나의 집을 수리해 다오." 이 놀라운 말씀을 더 깊이 묵상해 봅시다.

십자가에 달리신 예수님과의 만남에서 프란치스코 성인은 하느님은 우리의 자유를 존중하시는 데 반해, 인간은 자신의 자유로 하느님의 집을 파괴할 수도 있다는 점을 알게 됩니다. 두려운 사실이지만 이를 이해해야 합니다. 우리 모두는 유다가 될 수도 있습니다. 프리모 마졸라리(1890-1959) 신부는 주님 만찬 성목요일 미사의 강론에서 담대하게 말했습니다. "모든 성찬례 식탁 주위에 유다의 그림자가 맴돌고 있습니다. 우리는 그의 그림자가 우리의 그림자와 일치하지 않도록 깨어 경계하고 싸워야 합니다!" 우리 모두는 매우 겸손해야 합니다. 예리한 관찰을 통해 악에 대해 설명한 아우구스티누스 성인의 말을 잊지 맙시다. "하느님은 악마를 창조하지 않았습니다. 왜냐하면 하느님의 손에서는 오직 선한 것들만 나올 수 있기 때문입니다. 악마는 자유의 남용인 불순종으로 인해 나왔습니다. 어떤 천사들은 하느님에 의해 선하게 창조되었지만, 교만하게 되어 하느님께 반항했습니다. 그리고 하느님을 거스른 그 천사들은 타락하여 악마가 되었습니다." 아우구스티누스 성인의 말은 인상적입니다.

프란치스코 성인은 하느님께서 그의 자유를 존중하시면서도 동시에 그의 인격적인 응답을 기다리고 계신다는 점도 이해합니다. 모세에게 일어났던 것처럼, 이사야 예언자와 성모님, 사도들과 바오로 사도, 그리고 아우구스티누스 성인에게 일어났던 것처럼 하느님께서는 우리들도 부르시며 응답을 기다리고 계십니다. 인생은 하나의 응답이지만, 그것을 깨닫기 위해서는 먼저 질문을 들어야 합니다. 주님은 우리를 고유한 방식으로 부르십니다. 그런데 안타깝게도 우리 모두는 잘 듣지 못합니다. 왜냐하면 우리 마음속에는 자만이라는 소음이 많기 때문입니다.

프란치스코 성인은 하느님이 우리를 설득하기 위해 지닌 힘은 오직 사랑뿐임을 깨달았습니다. 십자가에 달리신 예수님은 수천 년을 관통하는 사랑의 외침이기에 우리 모두는 그 사랑을 온 마음으로 알아들어야 합니다. 거룩함은 바로 이 사랑의 외침을 들을 때 비로소 일어납니다. 하느님은 사랑 외에는 다른 어떤 힘도, 논증도 지니지 않으셨습니다. 그래서 우리가 그 사랑을 거부하면 다른 구원의 길이란 없습니다. 성인은 십자가에 못 박힌 예수님이 외치는 사랑을 체험하면서 상처를 입었습니다. 그는 사랑이신 하느님의 권능과 취약함을 깨달았습니다.

토마스 첼라노(1185-1265년경)는 말합니다. "그 순간부터 성 프란치스코의 영혼은 십자가에 달린 예수님의 사랑에 사로잡혔고, 사랑의 상흔이 그의 마음속 깊이 아로새겨졌습니다." "그는 십자가에 못 박힌 예수님께 연민을 느꼈습니다"라는 아름다운 문장을 깊이 묵상하면 좋겠습니다. 왜냐하면 프란치스코 성인의 인생은 그때부터 주님 사랑에 대한 사랑의 응답이 되었기 때문입니다. 주님께서 마땅히 받으셔야 할 사랑을 받지 못한다면 그는 고통스러울 것입니다.

토마스 첼라노는 포르치운콜라에서 프란치스코 성인에게 일어난 의미심장한 사건을 소개합니다.

그리스도의 수난에 시선을 고정한 프란치스코 성인은 더 이상 눈물을 참을 수 없어 큰 소리로 울었습니다. 슬픔과 고통으로 말미암아 그가 걷는 길은 눈물로 가득 찼습니다. 하지만 그는 그리스도의 상처를 생각하면서 그 어떤 위로도 거절합니다. 어느 날 친한 벗에게 고통의 이유를 들려주자 그 역시 아파하며 눈물을 흘리기 시작했습니다.

하느님을 "최고의 사랑이며 최고의 선 그리고 모든 선"으로 느낀 체험은 프란치스코 성인을 가난이 주는 자유로 이끌었습니다. 그에게 가난의 의미는 세상 것들에 대한 경멸이 아니라 오히려 그 반대입니다. 즉, 진정한 부와 인생의 참된 보물을 발견하는 것입니다. 그 보물은 우리를 너무나 사랑하시어 우리 곁에 가장 가까이 계시는 주님, 즉 십자가에 달린 예수님입니다. 이 점을 이해하는 것이 얼마나 중요한지 모릅니다. 가난에 대한 프란치스코 성인의 사랑은 하느님이 "최고의 선이며 모든 선"이라는 강한 믿음을 표현하는 방식입니다. 그래서 만약 하느님이 "최고의 신"으로 인식되지 않는다면 가난을 사랑하기가 불가능할지 모릅니다. 왜냐하면 인간의 마음은 쉽게 공허해지기 때문에 하느님으로 채워지지 않으면 그 공허함을 다른 것들로 채우려 할 수도 있기 때문입니다.

보나벤투라 성인은 프란치스코 성인에 관해 다음과 같이 들려줍니다.

성 프란치스코는 가난이 하느님의 아들이신 예수 그리스도의 친한 벗과 같았음에 주목했습니다. 가난이 거의 모든 세상으로부터 거부되었기에, 그는 가난을 자신의 신부로 삼고자 했고, 가난을 영원히 사랑하며, 가난을 위해서 부모까지 버렸을 뿐만 아니라 그가 소유할 수 있는 모든 것을 이웃에게 나누어 주었습니다. 세상 사람들이 금은보화를 원할 수는 있지만, 성 프란치스코가 가난을 사랑한 만큼 간절하지는 않습니다. 세상 사람들이 재력을 탐할 수는 있지만, 성 프란치스코가 하느님 나라의 기쁜 소식이라는 보화와 진주를 갈망한 만큼 원하지는 않습니다. 성 프란치스코에게 복음적 청빈에서 조금이라도 어긋나는 수도자들을 보는 것보다 더 마음이 아픈 일은 아무것도 없었습니다.

보나벤투라 성인의 성찰은 오늘날에도 시사하는 바가 큽니다. 이러한 체험이 우리에게도 일어날 수 있다면 좋겠습니다.

하느님의 신비는 예수님 안에서 우리에게 가까이 다가

오시고 그분을 통해 우리가 당신께 나아갈 수 있게 합니다. 하느님의 자기 비움은 프란치스코 성인에게 감동이며 포기할 수 없는 하느님의 본질적 측면인 겸손을 드러냅니다. 이렇듯이 겸손은 프란치스코 성인의 영적 여정의 시작이자 끝입니다. 주님은 참으로 겸손하시기에 베들레헴에서 나시어 골고타에서 수난당하시고 죽으시기까지 전 생애에 걸쳐 하느님의 겸손을 증거하셨습니다. 프란치스코 성인은 용기를 내어 말합니다. "하느님, 당신은 겸손한 분이십니다." 그는 하느님과의 일치를 위해 겸손하신 주님을 바라보면서 인간의 교만과 불순종과 그로 인한 나쁜 결과들의 끔찍함에 전율을 느낍니다.

보나벤투라 성인은 프란치스코 성인이 자신의 형제에게 들려준 말을 다음과 같이 전합니다.

제가 만일 수도회 형제에게 다음과 같이 말할 수 있는 내적 태도를 갖추지 못한다면 저는 작은형제회의 수도자가 아니라고 느낄 것입니다. 들어 보십시오. 저는 수도회의 총

장으로 총회에 참석하러 갑니다. 저는 형제들에게 설교하고 훈화를 하지만, 형제들은 결국 제 말에 반대하며 말할 것입니다. "형제의 말은 우리에게 적합하지 않다. 형제는 교육을 받지도 않았고 소통 능력도 없으며 어리석고 단순하다." 그리고 마침내 저는 모든 형제들의 모욕과 업신여김을 받으며 쫓겨납니다. 제가 만약 이 모든 일을 영적 기쁨과 성덕의 길로 나아가는 초대로 받아들이지 않는다면 저는 결코 작은형제회의 수도자가 아닙니다. 고위 성직자라는 지위나 찬사와 같은 칭송에는 늘 위험이 도사리지만, 겸손에는 영혼의 유익을 위한 자리가 있습니다. 그렇다면 영혼의 유익을 위해 인생의 시간이 주어졌음에도 불구하고 우리는 왜 스스로를 벼랑으로 이끄는 일에 마음이 더 끌릴까요? 이러한 이유로 겸손의 모범인 성 프란치스코는 수도회 회원들이 작은형제회의 형제들이라고 불리기를 원했고, 수도회의 원장들은 봉사자라고 불리기를 바랐습니다. 이렇게 해서 성 프란치스코는 자신이 따르기로 서약한 복음의 가르침을 살아가고자 했습니다. 성 프란치스코의 형제들은 작은형제회라는 그들의 수도회명을 통해 자신들이 겸손한 그리스도의 학교인 수도회에서 겸손을 배우고 있다는 점을 깨달았습니다. 그리고 겸손은 그들의 사도직을 특징짓는 생활양식이 되었습니다.

이탈리아의 페루자 지역에서 전해 내려오는 성인전은 프란치스코 성인과 작은형제회 수도자들의 일화를 들려줍니다. 어느 날 몇몇 형제들이 그에게 말했습니다.

"어떤 주교님들은 이따금 저희가 전교하는 것을 허락하지 않기 때문에 저희가 복음을 선포하기도 전에 하는 일 없이 한 곳에서 오랫동안 머물러야 합니다. 형제는 이런 어려움을 보지 못하십니까? 형제가 주교님의 호의를 얻어 준다면 저희가 사람들의 영혼을 구하는 일이 더 편리해질 것입니다."

그러자 성 프란치스코는 안타까워하며 대답했습니다. "작은형제회의 형제들이여, 그대들은 하느님의 뜻을 알지 못하고 있습니다. 그러면서 그분이 원하시는 방식으로 제가 세상에 복음을 선포하지 못하도록 만들고 있습니다. 사실, 저는 그 무엇보다도 고위 성직자들을 겸손과 존경의 방식으로 회심시키려고 합니다. 주교님들이 우리의 거룩한 삶과 그들을 향한 존경을 알게 된다면 그분들이 먼저 형제들에게 자신의 교구에서 복음을 선포하며 전교하도록 부탁할 것입니다. 그러면 형제들이 제게 청하는 주교님들의 호의를 통해 할 수 있는 일들보다도 더 많은 유익을 얻을 것입니다. 그런 호의는 형제들을 교만하게 만들 뿐입니다. 만일 형제들이 자기 자신을 내세우지 않고 신자들에게 교회의 가르침을 존중하도록 가르친다면 주교님들은 형제들에게 신자들의 고해성사를 듣도록 요청할 것입니다. 더구나 형제들은 이 점에 관해 걱정할 필요가 없습니다. 회심하는 이들은 어려움 없이 고해성사를 들어 줄 사제들을 찾을 수 있기 때문입니다. 저는 이러한 호의를 사람이 아니라 오직 주님에게 받기를 원합니다. 모든 사람을 존중하며, 말보다는 행동으로 사람들의 마음을 움직여 회심시키는 삶의 양식이 우리 수도 규칙의 정신에 부합합니다." 성 프란치스코는 이토록 겸손했기 때문에 그는 물리적 힘이나 혁명이 아니라 신앙의 모범과 거룩함의 힘으로 교회의 개혁가가 되었습니다.

영국 작가 길버트 키스 체스터턴(1874-1936)이 한 번은 이렇게 말했습니다. "만약 사람들이 조금만 더 겸손하게 산다면 이 세상이 얼마나 풍요로울지 상상할 수 없을 정도입니다." 이 말은 우리 신앙인들에게도 적용될 수 있습니다. 그렇다면 프란치스코 성인이 세상의 모든 이와 신앙인들에게 남긴 메시지는 무엇일까요? 그의 가르침은 단순하면서도 놀라운 의미가 담겨 있습니다. 성인은 우리에게 복음과 예수님과 그분이 가셨던 그 길을 진지하게 받아들이도록 초대합니다. 사랑하는 사람은 서로 닮아 갑니다. 사랑은 본받고 따르고 싶은 마음을 낳습니다. 프란치스코 성인은 우리에게 복음을 살도록 초대합니다. 이런 질문을 해 보면 어떨까요? 우리는 진정 주님을 사랑합니까? 주님이 참으로 우리의 선이며, 최고의 선입니까? 성급하게 대답하려 하지 말고 잠시 성찰합시다. 바로 여기에 핵심이 있습니다. 프란치스코 성인의 생애에서 보았듯이 하느님의 자비가 우리를 하느님의 사랑을 향해 도약할 수 있게 이끌어 주십니다. 이제 우리 차례입니다. 첼라노가 들려주는, 프란치스코 성인이 이 세상을 떠나기 직전에 형제들에게 한 말을 기억하면 좋겠습니다.

금세 사라지는 빛을 대신하여 영원한 빛이 뒤따라오는 마지막 날이 가까워지자, 성 프란치스코는 이 세상에서는 아무것도 가진 것이 없음을 거룩한 행위로 보여 주었습니다. 중병으로 쇠약해진 그는 고통 속에서 죽음에 임박하자 자신을 알몸으로 맨땅에 눕혀 달라고 하였습니다. 삶의 마지막 순간까지 원수가 그를 괴롭히면 벌거벗은 몸으로 벌거벗은 원수와 싸우기 위해서였습니다. 그는 두려움 없이 승리를 기다렸고, 두 손을 모아 정의의 화관을 있는 힘을 다해 붙잡고 있었습니다. 그는 수도복을 벗은 채 맨땅에 누워 항상 그랬듯이 하늘로 얼굴을 들어 올리고, 하늘의 영광에 시선을 고정하며 왼손으로 오른쪽 옆구리의 상처를 감싸서 보이지 않게 하였습니다. 그러고 나서 그는 형제들에게 말하였습니다. "저는 제가 할 일을 마쳤습니다. 여러분들이 무엇을 해야 할지 그리스도께서 가르쳐 주실 것입니다."

프란치스코 성인은 오늘을 살아가는 우리에게도 이와 같은 말을 들려주고 싶을 것입니다. 주님의 무한한 사랑에 우리가 사랑의 응답을 드릴 때입니다. 그 응답은 우리를 사랑하시기 때문에 우리 곁에 가까이 오시어 십자가에 달리신 예수님 앞에서 이루어집니다. 프란치스코 성인이 십자가에 달리신 예수님을 만나 회심한 성 다미아노 성당은 우리 마음 안에 있습니다. 바로 그곳에서 예수님은 우리의 이름을 부르시며 우리의 응답을 기다리십니다. 우리를 부르시는 주님의 목소리를 듣기 위해서는 참되고 겸손하게 기도해야 합니다.

형제자매 여러분, 여러분 모두를 기도의 학교로 다시 초대합니다. 여러분의 기도가 더 진실되고, 복음의 기쁨으로 새로워지며, 마음이 열림으로써, 주님의 사랑의 초대에 기꺼이 응답할 수 있게 되기를 바랍니다. 그 응답은 일상의 작은 실천으로 시작할 수 있습니다. 부모님들은 가족과 함께 기도하는 기회를 가져 보세요. 예를 들면 저녁에 가족들이 함께 모이는 시간에 하루를 마무리하면서 같이 기도할 수 있습니다. 여러분의 자녀들과 식사할 때 식사 전 기도를 해 볼 수도 있습니다. 그러면 여러분은 가족들을 다정한 눈길로 바라볼 수 있을 것이며, 일상의 작은 기도가 가정에 큰 영향을 준다는 점을 알게 될 것입니다. 우리 같이 시작해 볼까요? 기도하세요. 그러면 여러분은 새로운 시선과 마음을 갖게 될 것입니다. 여러분의 마음에 아로새겨진 하느님의 빛이 여러분의 눈길에서 드러나기를 바라며 마음을 다해 권고합니다.

제4장

콜카타의
성녀 마더 데레사

마더 데레사는 유엔에서 자신을 이렇게 소개했습니다. "저는 기도하는 가난한 수녀일 뿐입니다!"

말콤 머거리지(1953-)는 영국의 언론인으로 아주 경솔하고 냉담한 사람이었습니다. 1969년에 그는 '티 없이 깨끗하신 성모 성심의 집'에서 생활하는 마더 데레사와 동료 수녀들의 삶을 텔레비전 다큐멘터리로 만들려는 단순한 목적으로 콜카타를 방문했습니다. 당시에 유럽 사람들 가운데 일부는 그곳을 '콜카타의 죽음을 기다리는 집'이라고 부르며 경멸하기도 했습니다. 신앙이 없었던 말콤은 가난한 사람들과 행려병자, 그리고 임종을 앞둔 이들이 모여 있는 두 방에서 일어나는 일들을 매일 촬영하고 싶다고 요청했습니다. 그러자 즉시 설명할 수 없는 일이 일어났습니다.

사랑의 선교회 수녀님들의 소임 중 하나는 콜카타의 거리에서 죽어가는 사람들을 데려다가 그들이 마지막 순간에 존엄과 사랑을 느낄 수 있도록 도와주는 것이었습니다. 그들을 수용한 곳은 원래 칼리 여신을 숭배하는 칼리가트 사원인데, 건물의 일부를 마더 데레사에게 기증한 것이었습니다. 입원한 이들 중에 더러는 죽음을 맞이했고 어떤 이들은 살아남아 치료를 받았습니다.

'임종을 앞둔 이들을 위한 집'은 벽면 꼭대기에 작은 창문들만 나 있어서 빛이 거의 들어오지 않았습니다. 조명이 부족했기 때문에, 카메라 기사는 그 안에서 촬영하는 것은 불가능하다고 단언했습니다. 그들은 작은 반사판 하나만을 가지고 있었기에 주어진 촬영 시간 내에 충분한 조명을 확보하는 일은 상상할 수 없었습니다. 그럼에도 불구하고 그들은 촬영을 진행하기로 결정하였으며, 만일의 사태에 대비하기 위해서 몇몇 장면을 마당 안뜰에서 촬영했습니다.

그런데 필름을 현상하자 실내에서 촬영된 장면은 아주 부드럽고 아름다운 빛으로 가득 찬 반면 야외에서 촬영된 부분은 잿빛으로 탁하고 흐릿했습니다. 이를 어떻게 설명할 수 있을까요? 촬영 기사는 기술적으로 설명하자면 그러한 결과는 불가능한 일이라고 주장했습니다. 그는 자신의 전문가적 견해를 입증하기 위해 다음 행선지인 중동에서 다큐멘터리 탐사 프로그램을 촬영하며, 동일한 조명 상태에서 같은 필름을 사용했지만, 정반대의 결과가 나왔습니다. 그는 더 이상 아무 말도 하지 못하고 단지 어깨를 으쓱하며 그때 일어났던 일을 받아들였습니다. 기술적으로 설명할 수 없는 그 빛은, 존 헨리 뉴먼 성인의 유명한 찬가인 〈이끄소서, 온유한 빛이여〉에서 말한 '부드러운 빛'이라고 저는 굳게 믿습니다.

그러나 진정한 의미에서의 기적은 다른 데 있었습니다. 맬콤 머거리지는 그곳에서 일어나는 일을 주의 깊게 관찰하고 나서 마더 데레사에게 말했습니다. "콜카타는 세상의 지옥이라고 할 만큼 아픔과 고통이 너무 많습니다. 여기에는 참혹한 가난이 있고, 기아에 허덕이는 사람들이 있으며, 뼈만 앙상하게 남은 이들로 가득합니다. 사람들의 얼굴에는 죽음의 그림자가 보입니다. 그럼에도 불구하고 수녀님의 집에 있는 모든 사람의 얼굴에는 미소가 피고, 절망이 아닌 삶의 기쁨이 깃들여 있습니다. 왜 그럴까요?" 마더 데레사는 길바닥에서 막 데리고 온 영양실조에 걸린 가난한 여인에게 음식을 먹이고 있었습니다. 수녀님은 잠시 하던 일을 멈추고 물끄러미 말콤을 바라본 다음 대답했습니다. "여기에는 지옥이 아니라 천국이 있습니다. 왜냐하면 사랑이 있기 때문입니다." 그러고 나서 마더 데레사는 계속해서 침착하게 그 여인의 입에 음식을 넣어 주었는데 그 여인은 마치 모유를 기다리는 아기처럼 입을 벌렸습니다.

말콤 머거리지는 충격을 받았습니다. 그는 지적인 호기심에 이끌려 이 놀라운 거룩함의 신비 속으로 더 깊이 들어가기를 원했습니다. 그래서 그는 데레사 수녀님에게 물었습니다. "사랑할 힘과 웃을 수 있는 힘은 어디에서 찾을 수 있을까요?" 마더 데레사는 매우 진실하고 강직한 태도로 말콤의 질문에 답했습니다. "내일 아침 6시에 우리 수녀원의 문 앞으로 오세요. 그러면 우리가 사랑하고 웃을 힘을 어디에서 찾는지 알게 될 것입니다."

다음 날 아침에 말콤은 제시간에 맞추어 수녀원의 문 앞에 서 있었습니다. 마더 데레사 또한 6시 정각에 말콤을 맞이했습니다. 수녀님은 그를 매우 소박한 경당으로 안내했는데, 그곳에는 앉을 의자조차 없었습니다. 거기에는 인도에서 낮은 사회적 지위를 가진 여성들이 입는 사리 복장을 한 수녀님들이 공동 기도를 하면서 미사를 준비하고 있었습니다. 말콤 머거리지는 조용히 앉아 기도와 미사에 참석했습니다. 그에게는 모든 것이 단순하고 소박하게 보였고, 동시에 조금은 신비로우면서도 단조롭게 느껴졌습니다. 그는 속으로 생각했습니다. "이 수녀님들은 도대체 무엇을 하고 있을까? 누구와 대화하고 있을까? 저 작은 성체에서 무엇을 받는 것일까? 어떻게 그 모든 비밀이 이 작은 성체에 있을 수 있을까?"

미사가 끝난 후, 마더 데레사가 가난한 사람들을 향해 빠르게 걸어가면서 말콤에게 말했습니다. "보셨나요? 비밀은 모두 여기에 있습니다. 우리 마음에 사랑을 불어넣어 주시는 분은 예수님이세요. 우리는 그저 우리가 만나는 가난한 이들에게 주님의 사랑을 나눠 주러 갑니다."

그리고 어떻게 되었을까요? 신앙에 무관심했던 말콤은 세례성사를 받고 가톨릭 신자가 되기를 청했습니다. 그 동기가 참으로 놀랍습니다. "저는 거룩한 수녀님들 안에 사랑과 기쁨이 마르지 않게 한 이 기적의 성체를 받아 모시기 위해 가톨릭 신자가 되고 싶습니다." 말콤은 세례를 받았습니다. 마더 데레사가 삶으로 증거한 사랑이 말콤 머거리지를 사랑 그 자체이신 예수님의 품으로 이끌었습니다. 우리의 성찬례가 왜 이러한 감화를 주지 못할까요? 이 점에 관해 진지하게 생각해 보기 위해, 기도하는 데레사 수녀님의 발자취를 계속 따라가 봅시다.

1979년에 콜카타의 마더 데레사 수녀가 노벨 평화상을 받는다는 소식이 발표되었을 때 전 세계가 놀라워하였습니다. 하지만 데레사 수녀가 노벨 평화상 수상자로 지명된 사실 자체는 놀랍지 않았습니다. 그녀만큼 이 상을 받을 자격이 있는 사람이 또 있을까요? 놀라웠던 점은 루터

교를 엄격하게 따르는 위원회가 노벨 평화상 수상자로 가톨릭 수녀를 선택한 사실이었습니다. 참으로 성령은 어디든 불고 싶은 대로 붑니다. 먼저 언급하고 싶은 것이 있습니다. 사실 마더 데레사는 노벨 평화상 수상을 원하지 않았습니다. 그러나 수녀님은 가난한 이들의 존재를 세상에 알릴 수 있고, 그들에게 도움이 될 수 있다는 권유를 받아들여 수락했습니다. 이 점 말고는 그 어떤 이유로도 수녀님을 설득하지 못했을 것입니다.

1979년 12월, 오슬로를 향해 출발하기 직전에 몇몇 사람이 매우 합리적인 조언이라며 데레사 수녀님에게 다급히 말했습니다. "수녀님, 노벨 평화상은 루터교 신자들의 땅에서 태어난 상입니다. 그리고 시상식이 진행되는 오슬로 의사당은 루터교 의회입니다. 그러니 묵주를 쥐고 시상식에 참석하는 것은 적절하지 않습니다. 실제로 루터교인들은 성모님에 대한 공경을 마치 미신인 것처럼 배척합니다. 안타깝게도 현실이 그렇습니다." 데레사 수녀님은 조용히 그들의 말을 들었습니다.

시상식 날이 되자 수녀님은 자신의 묵주 중 가장 큰 것을 야윈 손에 꼭 쥐고 나타났습니다. 그것은 도발하려는 의도가 아니라 수녀님의 가톨릭 신앙의 정체성을 드러내기 위함이었습니다. 이러한 행동은 보여 주기 위한 것이 아니라 수녀님으로서 자연스러운 모습이었습니다. 수녀님은 소박한 모습으로 상을 받고 나서 온 마음으로 기억에 남을 연설을 하셨습니다. 그 연설은 누군가의 마음을 불편하게 만들었지만, 다시 한번 그녀의 삶을 이끄는 깊은 신념을 드러냈습니다. 노벨 위원회가 수녀님의 활동을 치하하고 상을 주기를 원했습니까? 그렇다면 그들은 수녀님의 헌신이 깊은 신앙에서 비롯된 것임을 알아야 했습니다. 수녀님의 진실함이 여기에서 빛을 발합니다.

노벨 평화상 수상식에서 데레사 수녀님이 마지막에 낭독한 부분은 다름 아닌 간절한 기도의 초대였습니다. 특히 마음 아프게도 이미 널리 퍼진 낙태죄에 대해 눈을 뜨게 해 달라는 요청이었습니다. "오늘 저는 여기에 계시는 모든 분과 전 세계 여러분들에게 요청합니다. 태어나지 않은 생명을 보호할 용기를 가질 수 있도록 기도해 주십시오. 지금이 생명을 존중하고 보호할 때입니다."

하지만 여기서 그치지 않고 하느님의 섭리는 마더 데레사가 유엔 총회에서 직접 연설하도록 이끄셨습니다. 데레사 수녀님은 인도주의적 목표에 집중하기 위해 봉사와 선교 활동에 헌신하며 정당 정치와는 거리를 두려고 했습니다. 수녀님이 정치적 기구인 유엔에서 연설하셨지만, 유엔과 정치적으로 직간접적인 관계를 맺었다는 증거는 없습니다. 기록에 따르면, 유엔은 사무총장 하비에르 페레즈 데 케야르를 통해 1985년 10월 26일에 열린 공개 행사에 그녀를 초대하는 기회를 얻었습니다. 그 행사에서 유엔은 창설 40주년을 기념할 뿐만 아니라, 〈마더 데레사의 세계〉라는 다큐멘터리를 상영함으로써 그녀에게 경의를 표했습니다. 이 다큐멘터리는 수녀님의 협력자인 캐나다 국적의 앤 페트리가 촬영했습니다. 페레즈 데 케야르는 그 행사에서 마더 데레사를 모든 참석자 앞에서 소개했습니다. 뉴욕대교구장 존 오코너 추기경도 초대받았습니다. 살아 계실 때도 돌아가신 후에도 데레사 수녀님에 대해 여러 평가가 내려졌습니다. 하지만 그녀가 삶으로 보여 준 거룩함과 가난한 이들 중에서도 더 가난한 이들에 대한 헌신적인 봉사에 관해 언급한, 모든 찬사 중에서도 페레즈 데 케야르가 언급한 "세상에서 가장 강한 여성"이라는 표현은 가장 놀라우면서도 역설적이었습니다. 다음은 그의 말입니다.

우리는 마더 데레사의 연설을 듣기 위해 이 자리에 모였습니다. 여러 해 동안, 가장 강하다고 여겨진 남성들이 이 연단에 올랐습니다. 그러나 오늘 우리는 세상에서 진정 가장 강한 여성을 맞이할 기회를 얻었습니다. 제가 수녀님을 따로 소개할 필요는 없을 것입니다. 왜냐하면 수녀님은 말보다 행동을 요구하기 때문입니다. 저는 우리가 할 수 있는 최선은 수녀님에게 존경을 표하고 수녀님이 우리 모두보다 더 중요한 분이라는 점을 말씀드리는 것이라고 믿습니다. 참으로 수녀님이 유엔이며 세상의 평화 그 자체입니다.

데레사 수녀님은 유엔에서 이렇게 거창한 찬사를 받았지만, 오히려 더 겸손해졌습니다. 그러나 수녀님의 신앙과 용기는 매우 크고 담대했습니다. 수녀님은 늘 지니고 다니며 기도하는 묵주를 보이며 말했습니다. "저는 기도하는 가난한 수녀일 뿐입니다. 기도할 때면 예수님이 제 마음에 당신의 사랑을 부어 주시기에 저는 길에서 만나는 모든 가난한 사람들에게 그 사랑을 나누어 줍니다."

데레사 수녀님은 잠시 동안 침묵했는데, 그 침묵이 마치 영원과 같이 느껴졌습니다. 이윽고 수녀님은 말을 이어 갔습니다. "기도하십시오! 기도하면 여러분 곁에 있는 가난한 사람들을 알게 될 것입니다. 어쩌면 여러분이 사는 주택가의 계단이나 집에서도 여러분의 사랑을 기다리는 가난한 이들을 볼 수 있을 겁니다. 기도하면 눈이 열리고 마음이 사랑으로 가득 차게 됩니다."

데레사 수녀님이 얼마나 용감한지 모릅니다. 수녀님은 어디서 그런 용기를 얻었을까요? 기도에서 찾았습니다. 우리는 수녀님의 모범을 따라야 합니다. 올해는 기도의 해로 봉헌되었습니다. 이 시기에, 자기 자신에게서 벗어나 겸손하게 무릎을 꿇고 진실하게 기도하기를 바랍니다.

미켈란젤로에게 다비드상을 어떻게 조각했는지 묻자 다음과 같이 대답했습니다. "간단합니다. 걸작을 숨기고 있는 대리석을 떼어 내기만 하면 됩니다!"

 이와 같은 일이 여러분에게도 일어날 수 있습니다. 기도하십시오. 자존심을 조금 깎고, 믿음과 겸손한 마음으로 기도하면, 하느님이 여러분 안에 새겨 놓은 걸작(하느님의 모상)이 드러날 것입니다.

옮긴이의 말

프란치스코 교황님은 2025년 희년을 앞두고, 기도를 통해 하느님께서 주시는 희망의 힘을 체험하기를 바라며 2024년을 기도의 해로 선포하셨습니다. 기도는 우리의 희망을 북돋우는 근본적인 신앙 행위입니다. 기도는 인내를 낳고, 인내를 통해 믿음은 굳세어지며, 믿음은 어려움 속에서도 하느님께 의탁하고 희망의 빛을 발견하며, 삶의 도전과 고난을 극복할 수 있는 힘을 줍니다.

 희년을 앞두고 선포된 '기도의 해'를 한국의 신자들이 더 맞갖게 보내기를 바라며 교황청 복음화부에서 펴낸 '기도 소책자 시리즈' 첫 권의 번역을 시작했습니다. 이 책의 저자인 안젤로 코마스트리 추기경님은 기도가 하느님의 사랑과 자비를 체험하도록 이끌고, 그 열매로 개인과 세상이 변화할 수 있다고 강조합니다. 기도는 예수님과의 참된 만남을 갖게 하고, 내적 회심을 낳아 하느님의 자비를 체험하고 우리 자신과 이웃을 용서할 수 있게 합니다. 기도는 개인의 내적 안녕을 넘어서, 사회적 참여와 연대 활동을 북돋는 가장 좋은 길이기도 합니다.

번역하는 과정에서 제게 도전을 준 내용 중의 하나는 기도가 절망 가운데 희망을 선포하기 위한 가장 적합한 길을 찾게 해 준다는 글이었습니다. 우리 시대는 불확실성, 불안, 주저, 의심, 낙심, 비관, 냉소, 걱정, 염려, 불신이 더 가깝고 익숙한 문화입니다. 희망이란 말은 박제된 꿈속에 존재할 것만 같은 낯설고 생경한 표현이 되어 버렸습니다. 매일매일 살아갈 힘도 없고, 살아갈 의미도 찾지 못하는 이들에게 기도를 통해 희망을 선포하라는 글은 도대체 어떤 뜻일까요? 마더 데레사 성녀의 말씀을 빌리자면 "하느님이 나를 사랑하신다고 들었지만, 아직도 암흑과 냉담과 공허함의 실체가 너무나 커서 그 어떤 것도 내 영혼에 와 닿지 않을 때"는 어떻게 살아야 할까요? 기도와 희망에 관한 내용을 그저 문자로 그대로 번역하는 일은 어렵지 않지만, 제 스스로 이 글이 지닌 메시지의 힘을 느끼지 못한다면, 그 번역문은 독자들에게 공허한 메아리로 다가가지 않을까 하는 고민이 깊었습니다.

언젠가 고故 장영희 마리아 교수님이 시인 에밀리 디킨스의 "희망은 한 마리 새"를 해석하며 "생명이 있는 한, 희망은 존재한다"라고 말씀하신 것이 떠오릅니다. 이제는 정말 막다른 골목이라고 여겨질 때, 가만히 마음속 깊은 곳에서 들려오는 소리에 귀를 기울여 보세요. "이게 끝이 아닐 거야, 넌 해낼 수 있어." 저는 이 시인의 마음이 기도와 같다고 생각합니다. "성령께서 몸소 말로 다 할 수 없이 탄식하시며 우리를 대신하여 간구해"(로마 8,26) 주시며 고통과 절망 속에서 꺼지지 않은 등불처럼 우리 삶을 지탱해 주십니다.

개인적으로 한계를 체험하는 어려운 상황에 놓인 분들도 많겠지만, 우리 주위를 둘러보면 여러 가지 이유로 고통받는 이웃들이 참으로 많습니다. 심지어 마음과 정신과 영혼이 부서질 정도로 치이며 삶의 벼랑까지 내몰리기도 합니다. 그렇기에 기도는 개인적인 차원을 넘어서서 사회 문제에 관한 섬세한 관심과 책임을 불러일으킵니다. 사회적 책임과 연대를 위한 기도는 서로의 믿음과 희망을 북돋아 교회 공동체를 하느님의 사랑과 자비를 체험하는 못자리로 만들어 줍니다.

    이 책의 번역이 가능하도록 도와주신 성서와함께 출판사와 편집진에게 깊은 감사를 드립니다. 모자라는 이탈리아어 실력으로 인해 원문의 뜻을 충분히 전달하지 못하지는 않을까 두려운 마음에도 불구하고, 이 책의 메시지가 독자들에게 쉽고 뜻깊게 전달되도록 의역까지 했으니 편집진을 두 배로 고생시켰을지 모르겠습니다. 졸역의 책임이 모두 옮긴이에게 있지만, 이 책이 많은 분들의 마음에 주님의 위로를 채워 주고, 희망의 작은 불빛을 밝힐 수 있다면 온전히 출판사와 편집진의 도움 때문일 것입니다.

지난봄, 성당 가는 길에 본 산딸나무 꽃이 하느님을 향해 두 팔 벌린 부케 같다고 한 어느 자매님의 말이 떠오릅니다. 산딸나무 꽃은 꽃잎처럼 생긴 흰색 포가 십자가 모양으로 피는데, 가장자리가 분홍색으로 흡사 십자가에 달리신 예수님의 선혈처럼 느껴집니다. 우리의 일상은 여전히 고단합니다. 하지만 예수님께서 십자가 위에서 "당신 자신을 하느님께 바치는 향기로운 예물과 제물로 내놓으신 것처럼"(에페 5,2), 놀라우신 하느님의 사랑에 마음을 닫지 않고 감사와 찬미의 기도를 드릴 수 있기를 바랍니다. 어디에 계시든, 얼마나 아프시든, 형제자매님들이 '기도의 해'와 '희년'을 맞아 아버지 하느님의 사랑에 물들고, 그 사랑이 가득 차 모두의 마음에 위로와 희망이 넘쳐흐르기를 응원합니다.

김영훈 스테파노